O PODER DO ÂNIMO

CARO(A) LEITOR(A),

Queremos saber sua opinião sobre nossos livros.

Após a leitura, siga-nos no **linkedin.com/company/editora-gente**,

no TikTok **@EditoraGente**, e

no Instagram **@editoragente**

e visite-nos no site **www.editoragente.com.br**.

Cadastre-se e contribua com sugestões, críticas ou elogios.

MAURICIO SOUTO

O PODER DO ÂNIMO

Como recuperar sua energia, reconectar-se com seus sonhos e construir uma jornada extraordinária.

Diretora
Rosely Boschini

Gerente Editorial Sênior
Rosângela de Araujo Pinheiro Barbosa

Editor
Bruno Leite

Editora Júnior
Carolina Forin

Produção Gráfica
Fabio Esteves

Preparação
Pedro Silva

Capa
Plinio Ricca

Projeto Gráfico e Diagramação
Beatriz Borges e Victor Guimarães

Revisão
Laura Folgueira

Impressão
Edições Loyola

Copyright © 2023 by Mauricio Souto
Todos os direitos desta edição
são reservados à Editora Gente.
Rua Natingui, 379 – Vila Madalena
São Paulo, SP– CEP 05443-000
Telefone: (11) 3670-2500
Site: www.editoragente.com.br
E-mail: gente@editoragente.com.br

Todas as citações bíblicas foram padronizadas de acordo com a
Bíblia Ave Maria, disponível em https://www.bibliacatolica.com.br/.

Dados Internacionais de Catalogação na Publicação (CIP)

Angélica Ilacqua CRB-8/7057

Souto, Mauricio
   O poder do ânimo : como recuperar sua energia, reconectar-se com
seus sonhos e construir uma jornada extraordinária / Mauricio Souto. -
São Paulo : Editora Gente, 2023.
   208 p.

ISBN 978-65-5544-352-3

1. Desenvolvimento pessoal 2. Autoconhecimento 3. Sucesso I. Título

23-3061   CDD 158.1

Índice para catálogo sistemático
1. Desenvolvimento pessoal

Nota da publisher

Temos visto muitas pessoas enfrentando um desafio comum nos dias de hoje: a sensação de estar vivendo sem um propósito claro, desperdiçando tempo e energia em rotinas automáticas e sem sentido. Essa falta de direção e propósito pode levar à insatisfação pessoal, à falta de realização e ao constante questionamento sobre o verdadeiro significado da existência.

Quantas pessoas você conhece que encontraram o sentido da própria vida e vivem de maneira plena e satisfatória? Poucas, não é mesmo? Todos estamos sempre buscando realização e a concretização de nossos mais ambiciosos planos. Se você se sente assim, então este livro é para você.

Aqui, Mauricio Souto, palestrante e escritor que tem como missão despertar o potencial interior de cada indivíduo, revela a chave para a mudança: a energia vital que chamamos de "ânimo". Fazendo um convite à reflexão sobre a importância de encontrar propósito e significado em nossas vidas, o autor nos fornece as ferramentas necessárias para criarmos uma visão clara e assertiva da vida que desejamos e o caminho para transformá-la em realidade.

Com uma mensagem poderosa, Mauricio transcende barreiras e demonstra que o controle do poder mental é mais importante para alcançar o sucesso do que qualquer outro fator externo. Por isso, prepare-se para embarcar em uma jornada de descobertas e transformações. Não perca a chance de absorver a sabedoria de Mauricio Souto e iniciar sua própria jornada de despertar do ânimo.

Boa leitura!

Rosely Boschini

CEO e publisher da Editora Gente

Dedico este livro à minha amada, Laíze,
e aos meus filhos Matheus, Fernanda
e Pedro, que me dão novo ânimo
para, cada vez mais, ser uma pessoa
melhor, mais leve e mais humana.

Agradecimentos

Com um profundo sentimento de gratidão, desejo externar meus agradecimentos a Deus pela dádiva da vida, que me permite participar como co-criador deste mundo maravilhoso cheio de alegria e desafios cotidianos.

Desejo agradecer também à Laíze, minha amada, que com seu afeto me mostrou verdadeiramente o sentido das palavras "viver com leveza", e que, com sua doçura e companheirismo, participou das revisões deste livro, pegando junto nas fases finais. Obrigado por me incentivar a ser, cada dia mais, um ser humano melhor.

Aos meus filhos Pedro, Fernanda e Matheus, meus grandes tesouros, pela alegria de ser pai e pelo apoio para que eu desfrute com ânimo e entusiasmo as conquistas desta vida.

Aos meus pais João e Anna (*in memoriam*), pelo exemplo de vida, pelos ensinamentos para trilhar o caminho do bem e pelas palavras de incentivo para que eu afirmasse sempre e em qualquer situação: EU POSSO!

Ao professor de literatura Pe. Casemiro Facco, que despertou em mim o desejo pela leitura e que, com o tempo, se tornou um grande amigo.

Aos professores e colegas de profissão Drs. Flávio Cotrim e Alexander Macedo, grandes inspiradores da ortodontia e grandes amigos com os quais a vida me presenteou.

Ao mestre e amigo Deroni Sabbi, que me introduziu no mundo do autoconhecimento e, em um dos seus treinamentos, fez despertar em mim crenças de capacidade, de merecimento e de gratidão.

À Editora Gente, na pessoa da Rosely Boschini, que acreditou neste projeto literário e que, durante o curso da Imersão Best-seller, me disse: "Já pensou o benefício que você pode fazer à humanidade escrevendo um livro? No teu consultório, você ajuda muito as pessoas; porém, o livro tem a capacidade de ampliar essa ajuda para milhares ou até milhões de pessoas. Experiências de vida e conhecimentos merecem e devem ser compartilhados".

Às editoras Franciane Batagin e Carolina Forin pela leitura e orientação nos manuscritos, fazendo cortes e ajustes, para que este livro tivesse a leveza que merece.

Aos meus pacientes e clientes de palestras, que me incentivam a, cada vez mais, buscar novos conhecimentos para obter melhores resultados com o meu trabalho.

Por fim, a você, leitor, que me privilegia com seu tempo e dedicação na leitura deste livro, o qual foi especialmente escrito para você, com o intuito de conduzi-lo a uma situação mais animada de ver, sentir e viver o mundo.

Prefácio

A primeira impressão foi a que ficou. De cara, chamou a minha atenção, como acredito que deve chamar a atenção de muita gente também, a garra do Mauricio Souto. A fala desse homem tem muita força, é impossível ficar indiferente ao que ele diz.

Quando fiz o meu primeiro curso de coaching com ele, éramos colegas. Ainda estava no início do meu trabalho na área de desenvolvimento pessoal e pude acompanhar, ao longo dos anos, todo o crescimento dele nessa área. Para mim, o que há de mais bonito na trajetória do Mauricio é a vontade genuína de contribuir com os outros, de ajudar o maior número de pessoas a avançarem como ele avançou.

O autor deste livro, caro leitor, teve uma infância pobre, com recursos limitados, o que não o impediu de se formar em Odontologia e de se tornar um dentista muito bem-sucedido. Já teria sido muito, mas ele quis ir além, se tornando um escritor e palestrante de sucesso, uma voz que ilumina cada vez mais pessoas mundo afora.

Garanto a você que ouvir esse meu amigo dizer, cheio de entusiasmo, "eu posso, eu consigo!" é uma experiência e tanto. Um banho de energia e ânimo: quem o vê brilhar se fortalece também.

E aqui chegamos ao tema deste livro. Se existe alguém capacitado para falar de ânimo, é o Mauricio. Com ele, aprendemos a identificar e a desenvolver a nossa energia especial, contagiante e vital que nos conduz à realização dos nossos sonhos. A mesma energia que ele tem para dar e vender, que o levou e o levará sempre longe, como ele merece. Como todos nós merecemos.

Mauricio nos ensina que "o ânimo é o que alimenta a sua determinação e nutre a sua alma". Sem isso, não temos brilho nos olhos. Estamos aqui para aprender com ele a identificar esse estado, essa força que vive dentro de nós, embora nem todo mundo saiba disso.

Essa é uma lição valiosa e que ele vai compartilhar com você ao longo deste livro de forma verdadeira e única. Não como quem divulga uma receita de bolo, mas como um expert que entende que todos nós somos únicos, cada um do seu jeito, do seu estilo, descobrindo o seu modo de fazer as coisas acontecerem.

São muitas as possibilidades, mas o caminho que vai fazer você voar será mais bem trilhado com conhecimento, disciplina e determinação, como nos ensina o Mauricio.

Daqui por diante, na jornada que você começa ao lado desse autor que eu admiro tanto, prepare-se para aprender a fazer escolhas conscientes, essenciais para que a mudança aconteça.

Além de escolher, você será capaz de se preparar para realizá-las e sair do lugar, um aprendizado que virá acompanhado de duas reflexões importantes. São elas: entender o seu grau de insatisfação com o momento que você está vivendo e a identificação da necessidade e do desejo de atingir um patamar melhor. Nas palavras do meu amigo: "Quando um desejo reflete esses dois pontos, a mudança é inevitável".

Se você está aqui, fazendo esta leitura, é porque já sabe que é preciso sair da zona de conforto, porque você tem ânimo para transformar a sua vida e quer agir. Você quer saber como agir para seguir o seu propósito e viver a vida que você merece, uma existência rica em significado e cheia de orgulho pelas suas realizações.

Chegou a hora de seguir em frente, sem pensar em recuar, sem medo de que os seus sonhos não sejam realizados. Sim, é normal ter insegurança em determinados momentos, faz parte do jogo, mas, como me ensinou o Mauricio, "você perderá mais por desistir do que por errar".

Quando chegar à última página, você vai lembrar que estamos aqui para viver, para errar e acertar. O importante é ter energia, entender que o sucesso que você procura está só esperando você agir para se manifestar.

Assim, prepare-se para ler a respeito de medos, angústias, passado, presente, futuro, energia, mudança, fazer acontecer. Acima de tudo, você vai refletir sobre como é possível seguir novos caminhos. Nas palavras do Mauricio: "Quando a crença em não conseguir fazer é maior que o desejo de mudar, a pessoa não se atreve a dar um passo sequer na direção da mudança. No entanto, nada a impede de pensar o seguinte: 'Será que não posso aprender algo novo?'. Normalmente a mudança deve começar do zero, quando fazemos uma ruptura entre o passado e o presente".

São lições valiosas. Principalmente em um mercado em que tantas pessoas pregam uma realidade que não vivem na prática. Mauricio faz o contrário e só ensina aquilo que coloca em prática em sua vida.

Fico feliz ao ver que o homem que superou a escassez e mudou o rumo da sua existência tantas vezes decidiu compartilhar conosco tudo aquilo que aprendeu. Um ato de generosidade e uma injeção de ânimo para todos nós.

Com um mestre como o meu amigo Mauricio no comando, ficará mais fácil chegar lá. Que você termine este livro com o mesmo entusiasmo que eu senti.

Para nós todos, como costumo dizer, riqueza, saúde e sucesso!

Eduardo Volpato

Sumário

O caminho para uma vida extraordinária começa aqui......17

Capítulo 1
Compreendendo a si mesmo e a sua vida atual 24

Capítulo 2
Entendendo a origem dos seus problemas..................40

Capítulo 3
A conscientização como o início da mudança 56

Capítulo 4
O ânimo e sua visão positiva de futuro 74

Capítulo 5
O autoconhecimento e o método VERSO 92

Capítulo 6
A autodisciplina em prol da eficiência....................120

Capítulo 7

Confiança em si mesmo 136

Capítulo 8

Visão de futuro positiva e compromisso pessoal 154

Capítulo 9

A liberdade está na sua atitude 172

Capítulo 10

Comece agora e não se arrependa amanhã 188

Capítulo 11

Celebre a vida dos seus sonhos 198

O caminho para uma vida extraordinária começa aqui

Sentir-se animado, decidir e agir com disciplina são as melhores estratégias para se blindar contra o medo, parar de procrastinar e acreditar que você pode ter uma vida extraordinária, com resultados excepcionais.

A ideia de escrever este livro nasceu da minha vontade de fazer a diferença na vida das pessoas, com o propósito de ajudá-las a tomar medidas que permitam resolver os problemas ou situações que as estão impedindo de dar andamento às coisas que realmente importam em suas trajetórias. Ou seja, fazer com que possam realizar seus sonhos, que conquistem grandes objetivos e que tenham, enfim, uma vida extraordinária.

Embora todas as pessoas estejam buscando algum tipo de realização, são poucas as que realmente conseguem viver de maneira plena e satisfeita, encontrando um sentido claro para a vida e concretizando seus mais ambiciosos projetos.

Por que isso acontece?

Entre as mais variadas razões, acredito que a chave esteja em algo que antecede a vontade de fazer as coisas: algo que defino como uma *energia especial, contagiante e vital*, um estado ou temperamento que nos move em direção aos nossos objetivos e que nos permite realizar sonhos ou desejos.

Podemos chamar essa energia de *ânimo*.

O ânimo é o que alimenta a determinação e nutre a alma. Sem ânimo, a pessoa esmorece, desmotiva-se, a ponto de desistir dos seus projetos e sonhos.

Há várias passagens na Bíblia em que o ânimo aparece como a chama que dá vida e alimenta os mais remotos e difíceis desejos. Por exemplo, no livro I Crônicas 28:20, há uma referência a esse assunto:

> Disse Davi a Salomão, seu filho: "Sê forte e, corajosamente, mete mãos à obra! Não temas nada e não te amedrontes; pois o Senhor Deus, meu Deus, estará contigo; ele não te desamparará, nem te abandonará até que tenhas acabado tudo que se deve fazer para o serviço do templo".

A mensagem que o texto bíblico nos transmite, de modo resumido, é esta: "Esforce-se e tenha bom ânimo para fazer o que precisa ser feito (isto é, a sua obra), pois Deus vai estar sempre ao seu lado".

Em João 16:33, há outra referência, em que Jesus diz: "Eu disse essas coisas para que em mim vocês tenham paz. Neste mundo vocês terão aflições; contudo, tenham ânimo! Eu venci o mundo".

Já em outro texto bíblico, em Josué 1:9, está escrito: "Não fui eu que lhe ordenei? Seja forte e corajoso! Não se apavore, nem se desanime, pois o Senhor, o seu Deus, estará com você por onde você andar".

Mas o que é o ânimo, afinal? O que ele faz em nossa vida?

O ânimo é um estado de coragem com o sentimento da alegria. É um vigor que contagia, movimenta, traz eletricidade aos nossos atos e feitos. Quando percebi isso, refleti e notei que sempre agi de maneira muito entusiasmada frente aos desafios que tinha de superar, principalmente em minha profissão. Minha paixão sempre foi fazer as coisas da melhor maneira possível, com ânimo e com o desejo de realizar.

Contudo, esse estado nem sempre é claro ou consciente. Existem pessoas que naturalmente se predispõem a ele, e parecem movidas por essa espécie de *eletricidade*, dado o grau de entusiasmo que as toma. Outras parecem adormecidas, ficam em um estado de apatia e comportam-se como se estivessem alheias às coisas que acontecem em sua vida.

O curioso é que esse *animus* faz parte da vida de todos nós. Só que em alguns, ele parece estar escondido, guardado, esperando para ser despertado. Em outros, ao contrário, revela-se como uma explosão de energia, um curto-circuito permanente que os põem o tempo todo a caminho de realizar os seus projetos – seja na vida pessoal, profissional ou social. Vale aqui ressaltar a origem do termo, pois ela guarda relações com todas essas predisposições. *Animus* em latim quer dizer "espírito", "alma", "coração" – como templo da coragem, das inclinações e das paixões, mas também da vontade e do desejo.

Muito cedo identifiquei esse estado em minha vida. Naquele momento, não sabia o que era nem qual seria o seu poder ou alcance, mas sentia que aquilo me faria escolher as coisas que queria na vida. De certa forma, tudo o que aconteceu comigo foi fruto de alguma determinação, ou de algo que me propus a fazer ou conquistar.

É evidente que eu não fazia as coisas apenas por alguma preferência aleatória, do tipo mudar por mudar. Na verdade, minhas ações e meus caminhos tinham por base desejos ou necessidades que eu tentava fundamentar ou pelo menos compreender o porquê de fazer ou escolher determinadas coisas. Quando isso ficava claro, me movia na direção daqueles objetivos.

Fazer escolhas conscientes é essencial para que as mudanças aconteçam em sua vida. Se você quer mesmo que coisas extraordinárias ocorram, precisa *escolher* fazer isso, e depois priorizar essas escolhas, preparando-se para realizá-las. Do contrário, você não sai do lugar.

A questão, porém, é que uma escolha de verdade vem ancorada a um conjunto de fatores que estão relacionados, basicamente, com dois aspectos: (1) o seu grau de insatisfação com o momento atual em que está vivendo (ou *o que está fazendo* e *onde está*) e (2) com a necessidade e o desejo de atingir um patamar melhor – diferente e mais saudável – em sua vida, carreira ou relacionamento. Quando um desejo reflete esses dois pontos, a mudança é inevitável.

Ter clareza desses momentos e sincronizá-los com as *decisões* corretas que se deve tomar é o que faz a diferença na vida de uma pessoa. É uma ideia simples, poderosa, mas muitas vezes difícil de ser colocada em prática. Apenas alinhando esses momentos conseguimos entender o motivo pelo qual algumas pessoas têm sucesso, enquanto outras passam uma vida inteira tentando se encontrar e acabam fracassando.

Esse é o passo essencial para a construção de uma vida extraordinária.

Por muito tempo, questionei-me sobre isso considerando a minha trajetória. Nessa condição, observei, por exemplo, que alguns empreendedores conseguiam alavancar suas empresas, enquanto outros, às vezes na mesma situação, tinham seus estoques encalhados, suas agendas vazias, com dificuldades para fechar negócios.

Essa mesma distinção eu percebia entre pessoas que tinham relacionamentos saudáveis, sentiam-se felizes, e pessoas que, às vezes com a mesma condição econômica ou social, tinham, em contrapartida, relacionamentos vazios e deturpados, sentindo-se sem rumo e frustradas. Eu me perguntava diariamente: qual a diferença entre elas? O que realmente está acontecendo para que isso ocorra?

Sempre me senti intrigado por esse mundo de contrastes e foi por isso que decidi estudar para entender por que algumas pessoas simplesmente *passam pela vida,* enquanto outras são *protagonistas* de suas próprias histórias.

Nos estudos e pesquisas que levei a cabo, descobri que existem vários fatores e razões que podem nos ajudar a compreender tudo isso. Entendi também que não existem fórmulas mágicas nem respostas prontas e únicas para resolver os problemas da sua vida.

Cada caso é um caso, e tudo deverá ser feito de acordo com a sua disposição e com o seu estilo único de fazer as coisas.

Na verdade, tudo de certa forma se interliga. Não basta, por exemplo, apenas *querer;* é preciso pôr esse *querer* em prática e aprender a fazê-lo. Conhecimento, disciplina e determinação acabam contando para o sucesso de uma trajetória.

Mas, entre tantos insumos e possibilidades, o grande diferencial que faz algumas pessoas serem bem-sucedidas e/ou felizes (e outras nem tanto) é o ânimo – ou o *poder do ânimo*, para ser mais preciso. Isso quer dizer que, quanto mais essas pessoas forem arrojadas, corajosas, ousadas e determinadas em relação aos seus objetivos, maior será o índice de acerto.

Com isso, posso afirmar com certeza que, para você ter uma vida extraordinária ou conseguir resultados excepcionais, é preciso dar ânimo às suas escolhas. Ou seja, decidir primeiro o que quer, ter clareza de como esse sonho vai acontecer e depois definir as etapas desse processo de mudança e realização. Isso inclui investir no seu autoconhecimento (descobrir *quem você é, de onde veio,* quais coisas fazem sentido para você e o que não funciona mais em sua vida); e, acima de tudo, agir com disciplina e determinação.

Assim, proponho aqui o desafio de fazer com que você se sinta animado, motivado, entusiasmado e com bravura para agir de forma disciplinada e constante na realização de seus projetos. Neste livro, o ajudarei a trilhar esse caminho com conhecimento, consciência e com as ferramentas necessárias para concluir seus objetivos, sejam eles quais forem.

Decisão, confiança e convicção são apenas alguns dos aspectos que veremos ao longo do livro. Em uma única palavra, é preciso coragem. Não importa se hoje você está em uma situação difícil, com problemas na família, dificuldades nos relacionamentos ou questões financeiras. Nada disso, de fato, pode impedir você de se sentir realizado – afinal, não são nossas condições que determinam nosso futuro, mas nossas escolhas, o que fazemos delas e, fundamentalmente, nosso ânimo. Se acreditar que isso é possível, você será capaz de transformar tudo aquilo que desejar.

Como fazer isso se tornar realidade? É o que eu vou responder neste livro.

E aí, você está preparado para mudar sua vida?

Capítulo 1

Capítulo 1

Compreendendo a si mesmo e a sua vida atual

Se você não sabe onde está, como poderá traçar um caminho seguro para alcançar o que quer, realizar seus sonhos e desfrutar de uma vida extraordinária?

Você tem realizado os seus sonhos? Eu me refiro à vida que você gostaria de ter, às coisas que pensou um dia conquistar e ao futuro promissor e abundante do qual você gostaria de fazer parte um dia.

Já parou para pensar nisso?

Todos nós sonhamos e fazemos planos. É algo que faz parte de nossa espécie. Às vezes, passamos horas sonhando com coisas que gostaríamos de ter feito ou de fazer e, à primeira vista, pensamos que nunca vamos conseguir realizar. Mas independentemente disso continuamos sonhando, como se vivêssemos em um mundo mágico, longe da realidade.

"Será que posso realizar meus sonhos?", muitos se perguntam.

Poucas vezes pensamos em como esses sonhos podem mudar a nossa realidade. Já pensou no impacto que teria em sua vida? O que mudaria? Suas relações, sua carreira, o convívio familiar... Já imaginou o quanto tudo isso poderia ser transformado se você conseguisse realizar seus desejos e metas?

Quando sonhamos com coisas que, de antemão, consideramos que não vamos conseguir fazer, estamos nos autocondenando a viver de modo contido, sem pretensões, sem realizações e surpresas; nos acomodamos em nossa frustração, demarcamos nossa zona de conforto e nos boicotamos.

Se acreditarmos que não vamos conseguir realizar os sonhos mais básicos de nossa existência, nossa vida e a razão de sonhar parecem perder sentido. Os sonhos, assim como os desejos, são perspectivas que criamos no nosso horizonte – para o qual nos movemos com o intuito de alguma realização. Se não somos estimulados por eles, como poderemos mudar o patamar de excelência de nossa vida?

Vamos falar sobre isso.

Os sonhos só se realizam quando *decidimos* torná-los realidade. Sem atitude, nada acontece. Se não agirmos, seremos apenas sonhadores passivos. O primeiro passo para sair desse estado é definir com clareza o que você quer, o que está buscando e aonde quer chegar. Você vai precisar de coragem, de atitude e de determinação para concretizar e colocar em prática os seus desejos. E, sobretudo, você vai precisar de ânimo!

Quando a pessoa faz um planejamento, seja em relação a uma empresa ou a algum projeto ou relacionamento, sem dúvida alguma isso é algo que ela considera importante e provavelmente o faz com a intenção de realizá-lo. Mas, se esse planejamento não sai da mente, ou fica estacionado em um pedaço de papel, as coisas não acontecem. É preciso dar vida a esse esquema, *animar* esse desejo, fazendo o que for necessário fazer para pôr em prática aquelas ideias ou planos, de modo que você possa concretizá-los.

Conheço pessoas com projetos sensacionais, às vezes até mirabolantes, mas falta a elas a disposição de fazer as coisas acontecerem. É comum, aliás, pessoas assim serem engolidas por suas ideias e *intenções*. Elas chegam a construir impérios, empreendimentos que são megalomaníacos, mas que nunca saem da cabeça ou só se restringem a idealizações. Essas pessoas são sonhadoras, veem a vida com um certo romantismo, por vezes se encantam por seus próprios pensamentos, pela perfeição que há neles, e acabam deixando de trazê-los para a realidade.

Você já teve essa sensação? Por que isso acontece?

Se por acaso você já se sentiu desse jeito, não se culpe. Em primeiro lugar, você não é o único a passar por isso. A bem da verdade, a maioria das pessoas age dessa forma. Pensam, sonham, querem realizar seus planos, mas encontram enormes dificuldades para pôr em prática os seus projetos. Digo isso porque sei que não é fácil romper esse cordão de isolamento. Os sonhos ou projetos que ficam encastelados em nossa cabeça, dentro daquela cota de *nobres intenções*, acabam nos impedindo de viver no mundo a vida que gostaríamos de viver. Quanto mais perfeitos e maravilhosos são esses planos e sonhos, mais trabalhoso será realizá-los. Isso se explica pelo fato de que o mundo em que vivemos não é nada perfeito e muito menos parecido com o que sonhamos. Convivemos com pessoas que nem sempre se comportam do jeito que gostaríamos, assim como nós, em nossa imperfeição, dificilmente iremos atender cem por cento a expectativa que nossos amigos, familiares ou colegas têm de nós.

Não há nada de errado nisso. O mundo é assim. E muitas vezes as coisas funcionam bem, ou razoavelmente bem desse jeito. Você faz parte desse ambiente e precisa, portanto, se adaptar a ele. Isso não significa que você não deva sonhar ou que nunca conseguirá colocar em prática seus sonhos e ideais.

Ao contrário, sonhar é bom, mas é preciso que você acredite no que está sonhando e considere as variáveis do mundo, do ambiente e das pessoas. Você precisa também confiar na sua capacidade de realização, ter uma boa autoestima, e seu controle emocional precisa estar no melhor nível possível de modo que tudo possa contribuir para que você se sinta animado e disposto a empreender.

Os seus sonhos nunca vão se realizar por conta própria, é preciso fazê-los acontecer, escolher a estrada, pavimentá-la e caminhar por ela.

Em alguns de meus cursos e palestras, faço a seguinte analogia. Apresento ao público uma chave, dizendo que ela poderá abrir a porta para a mudança em suas vidas, para resultados extraordinários e para uma vida igualmente extraordinária. Em seguida, mostro a eles, em uma tela, várias portas, e digo: "Para o seu sonho acontecer, virar realidade, você precisa abrir uma dessas portas, porque talvez o seu mundo de possibilidades esteja do outro lado. Se você estiver inseguro e não tomar uma decisão, ou ficar na dúvida sobre qual porta vai abrir, nada vai acontecer". Veja, você tem uma chave, está diante de uma porta, mas isso não é suficiente. Se você não se decidir, escolher uma porta, girar a chave e depois agir, as coisas não vão acontecer, porque a porta não vai se abrir sozinha.

Um dos propósitos deste livro é ajudar você a dar esse passo, de maneira segura e consciente. Algo parecido com o que acontece depois de minhas palestras, quando sou procurado e as pessoas me dizem que a partir daquela apresentação elas vão começar a rever seus planos e sonhos, se preparando então para realizá-los. É gratificante ouvir esses relatos, inspirá-las a sair da inércia, ajudando-as a tomar consciência de que para concretizar seus projetos será preciso passar por uma transformação, pela dor e pelo desconforto que toda mudança carrega em si.

No momento em que decidimos, abrimos mão de outras possibilidades. Faz parte do jogo. Sempre perdemos algo quando optamos por alguma coisa, pois todas as escolhas requerem renúncias.

De acordo com o escritor e palestrante Stephen R. Covey em seu livro *Os 7 hábitos das pessoas altamente eficazes*, a mudança é um processo doloroso, e ela só acontece quando há um "motivo nobre", definido pela própria pessoa, e também quando essa mesma pessoa se dispõe a subordinar o que quer no momento em detrimento do que deseja construir no futuro. Todo prazer e bem-estar, em todos os níveis, que você deseja ter no futuro são construídos com dedicação, esforço e sacrifício. É assim que as coisas funcionam. Mas, nesse caso, o esforço e o sacrifício são compensados por uma sensação de orgulho imensa, pois a pessoa que alcança suas metas tem sua capacidade de conquista extremamente valorizada, e isso produz uma sensação incrível de felicidade – sobretudo porque ela se sente capaz de ir além e fazer mais, com ânimo e autoestima grandemente enriquecidos. Em um certo sentido, de acordo com Covey, a felicidade pode ser definida como fruto da habilidade e do desejo de sacrificar o que queremos agora em função do que almejamos atingir no futuro.

Sempre que o mundo maravilhoso dos nossos sonhos se depara com a realidade, precisamos fazer alguns ajustes e acomodações para que eles continuem dando certo no mundo físico também.

Compreender isso é fundamental para você dar esse passo decisivo. É importante você tirar os seus sonhos da vitrine da fantasia a fim de que possa colocá-los em prática e transformar sua vida!

Um passado cheio de medo, insegurança e angústia

Muitas das respostas estão no seu passado, na forma como você construiu suas crenças e passou a enxergar o mundo.

É claro que não temos como mudar o passado, mas podemos mudar a maneira como olhamos para ele e como ele impacta nosso presente e futuro. Se algo deu errado lá atrás, não teremos como consertar ou criar um passado diferente. O que está feito está feito. No entanto, o passado é importante e útil, pois serve como experiência para você entender onde está hoje. A partir de um olhar cuidadoso e reflexivo, é possível avaliar as decisões tomadas e descobrir se elas se basearam no medo ou na ousadia, por exemplo. Vale lembrar que, quando temos clareza do que queremos, eliminamos a dúvida.

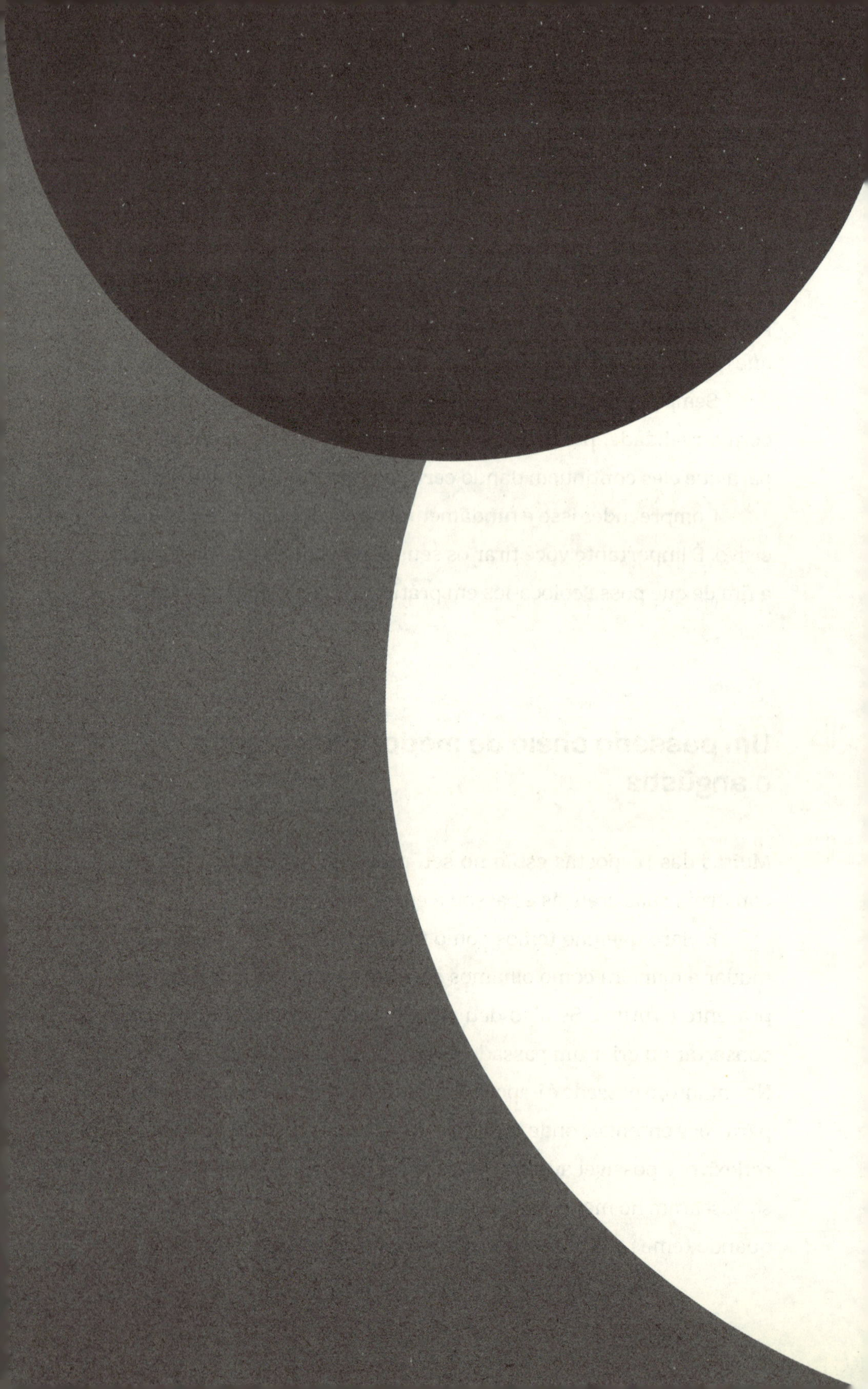

É importante você tirar os seus sonhos da vitrine da fantasia a fim de que possa colocá-los em prática e transformar sua vida!

Quais sentimentos afinal o motivaram a tomar as decisões que trouxeram você até aqui? Você consegue explicar ou associar o momento atual (na carreira, nos negócios, em algum relacionamento) com alguma decisão tomada no passado? Na época, você tinha alternativas? Reflita um pouco sobre isso e tente responder:

Por que você está lendo este livro? O que espera dele?

_____

_____

_____

_____

_____

Pensar o passado nessa perspectiva de tentar construir um presente e um futuro mais promissores exige não só compreender o que aconteceu, mas aceitar que aquelas decisões foram as que você tomou. Talvez fosse possível fazer diferente; talvez as escolhas que você fez fossem as únicas possíveis naquele momento. O que importa, porém, é que aquelas decisões foram as melhores que você conseguiu tomar naquela situação e eram as que estavam ao seu alcance de um ponto de vista emocional. Ficar magoado ou chateado – ou, pior, paralisado por conta disso – não vai resolver nem mudar nada neste momento.

É preciso aceitar isso e também compreender que o presente e o encaminhamento do futuro estão ligados ao que lhe aconteceu no passado. Você vive a vida que tem em razão das decisões, atitudes e comportamentos que teve até hoje. Talvez os resultados não estejam à altura das suas expectativas, mas apenas se lamentar ou não se conformar não vai mudar nada. É preciso agir, mudando o seu comportamento e – isso é importante – não reproduzir as decisões equivocadas do passado. Mudar essa mentalidadevai fazer toda a diferença no seu presente e no seu futuro, ou seja, na vida que você deseja construir.

Se você busca novos resultados ou uma vida diferente da que tem hoje, não vai ser reproduzindo o passado, em um grande círculo vicioso, que vai conseguir.

Muitas das limitações que você tem hoje foram incutidas por seus pais ou por pessoas com as quais você conviveu com alguma proximidade. Dentro das limitações deles (em uma época bem menos permissiva do que a atual), eles nos educaram para que tivéssemos um futuro estável e seguro, com restrições, cuidados exagerados, tentando, à maneira deles, nos poupar dos perigos deste mundo. O resultado é que isso pode ter nos trazido mais dificuldade, algumas que nos impedem, ainda hoje, de saber para onde queremos ir e o que realmente podemos alcançar.

No entanto, é importante compreender que nossos pais não agiram assim por maldade, mas por precaução e talvez por excesso de preocupação com a sua segurança e bem-estar. Os pais, como você sabe, sempre querem o melhor, e em nome disso tentam facilitar a vivência dos filhos, muitas vezes eliminando certas dificuldades que, de outro modo, funcionariam como aprendizados. Esses pedaços do caminho de nossa infância e juventude – que se transformaram em pontes sustentadas por nossos pais – se manifestam hoje em nossa vida como momentos de insegurança.

Observe que justamente aquilo que eles pretendiam evitar no passado acaba sendo recuperado no presente, de uma maneira que acaba limitando ou inibindo suas ações. A chave para lidar com isso está no autoconhecimento, processo que irá ajudar você a identificar as situações em que agia mais em razão da opinião dos outros do que por conta própria. Quando o indivíduo se dá conta disso, desse estado de consciência, ele começa a tomar decisões com base nos seus sentimentos e de acordo com a sua disposição e sua necessidade. Seja qual for o resultado alcançado, ele será mais legítimo, do ponto de vista do seu desejo. Pode dar certo ou não funcionar do jeito que você gostaria em um primeiro momento, mas é o seu caminho que você está construindo, é a vida que você tem, e que só você pode viver intensamente.

Talvez isso soe um pouco arrogante, e me perdoe por isso, caro leitor, mas é muito provável que eu esteja falando de coisas que, efetivamente, aconteceram em sua vida. Mas já esclareço, não sou mágico nem profeta. Na verdade, isso que estamos falando aqui tem a ver com o que acontece com a maioria das pessoas. Apesar das inúmeras e diferentes experiências que cada um vive, existem muitas situações mais ou menos comuns no seu passado. Ter uma mãe ou um pai (ou ambos) superprotetor é muito mais comum do que se imagina, assim como ter alguma dificuldade na escola (não ser valorizado por sua real capacidade de assimilação), ter baixa autoestima ou dificuldades em lidar com cobranças sociais. São eventos comuns vividos por muita gente e que trazem lembranças ou traumas bem complicados, contribuindo muito para restringir ou marcar suas vidas, impedindo-as de se movimentarem, de mudarem suas trajetórias e de ousarem mais em busca de alguma realização.

Será que você já viveu alguma situação parecida com essa?

Uma pesquisa feita pelo escritor Napoleon Hill aponta que 95% das pessoas estão perambulando pelo mundo, vivendo no automático, sem clareza do que desejam encontrar na vida. Elas não estão sendo as verdadeiras protagonistas de suas histórias nem tomando as decisões que realmente importam para que tenham um futuro mais promissor.

Em seu livro *A lei do triunfo*[1], Hill menciona uma pesquisa realizada ao longo de vinte anos, na qual foram estudadas as vidas de

---

1   HILL, N. **A lei do triunfo**. Rio de Janeiro: José Olympio, 2014.

mais de 16 mil pessoas. Uma das constatações desse estudo foi a de que 95% das pessoas que não obtiveram desempenho satisfatório na carreira não sabiam de maneira clara o que queriam da vida. Os outros 5% que alcançaram sucesso notável não só possuíam um propósito definido como tinham também um plano claro e específico para executá-lo.

Ou seja, você, caro leitor, não está sozinho.

Mas eu lhe pergunto: isso é bom ou ruim?

Ter mais gente na mesma situação que a nossa serve como consolo, sem dúvida. Afinal, a "culpa" não é só sua e você sempre vai poder dizer: "Bem, não sou só eu". Claro, é um trunfo. Só não é quando você se encontra consigo mesmo e se pergunta o que fez ou está fazendo da sua vida, justamente quando você olha para as coisas que conquistou (ou deixou de conquistar) e percebe que poderia ter feito muito mais e melhor do que efetivamente fez. Por mais que saiba que existem milhares de pessoas em situações parecidas com a sua, o fato palpável e concreto é que a dor de não ter sido quem você poderia ser é *só sua*. Quando você pensa nisso, é só você que sente toda a dimensão dessa dor ou frustração. E então você percebe que pouco importa que mais e mais pessoas (95% delas!) estejam frustradas, desalentadas ou, resumidamente, perdidas na trajetória de sua vida.

A questão toda agora não é salvar o mundo, mas viver uma vida mais consequente e mais plena, sendo o seu verdadeiro protagonista. Como você vai lidar com isso daqui para frente?

Mudar, é preciso dizer, não é fácil, mas é fundamental se você quer deixar para trás um estado de letargia, paralisação, frustração e desalento. Você vai precisar ter um estado de ânimo mais positivo, acreditar mais nas coisas que quer alcançar, ter mais confiança, ajustar o seu equilíbrio emocional e melhorar bastante sua autoestima. São aspectos que você vai conseguir alterar quando começar a investir no seu autoconhecimento. Não é possível cobrar isso de uma pessoa se ela não tem clareza do que está acontecendo com sua vida, se não sabe onde está nem para onde quer ir. Se esse indivíduo perdeu o rumo, se se sente inseguro porque age em razão do medo, e é, portanto, alguém indeciso, tudo ficará comprometido.

Uma das razões desse medo (e isso tem muito a ver com insegurança) é a possibilidade de perder o que já se conquistou. A pessoa não se arrisca nunca e em tudo o que faz tem em primeiro lugar a preservação do que já foi obtido.

Se pensar em todas essas questões, você não pode se sentir o único culpado pelo que está acontecendo em sua vida. O problema é que apenas entender isso não muda nem ajuda em nada. A culpa pode não ser sua (no passado), mas a responsabilidade (hoje, no presente) é, sim, sua. E cabe apenas a você mudar isso. A sua realidade externa só vai se transformar quando a sua realidade interior mudar.

A boa notícia aqui é que nós podemos ajudar você a fazer isso.

A busca por novos caminhos

Muitas das coisas que você vive hoje, em relação às suas conquistas ou frustrações, têm muito a ver com suas crenças, que são aqueles aprendizados ou lições que construímos ao longo da vida, a partir das coisas que presenciamos – vendo, ouvindo e sentindo repetidamente.

Em seu livro *Rápido e devagar: duas formas de pensar*, Daniel Kahneman[2] descreve como o nosso cérebro funciona no momento da tomada de decisões. Segundo o autor, 10% das nossas decisões

---

2   KAHNEMAN, D. **Rápido e devagar:** duas formas de pensar. São Paulo: Objetiva, 2012.

se baseiam em aspectos conscientes, isto é, em coisas lógicas ou em evidências e informações.

O restante das decisões, aproximadamente 90%, se baseia em nosso subconsciente, isto é, nas coisas em que acreditamos e que já não questionamos mais, porque estão enraizadas na nossa forma de ser. Isso nos faz responder a certas questões ou a reagir a determinadas situações de maneira automática, sem pensar muito, porque são respostas e impulsos prontos, inconscientes, os quais fomos induzidos a aceitar como expressões únicas e verdadeiras. Nossas crenças são o principal veículo dessas respostas. Quando acreditamos, por exemplo, que não vamos conseguir fazer determinada tarefa por não estarmos devidamente preparados, seja por acreditarmos que não merecemos ou por não conhecermos os trâmites daquele processo, simplesmente empacamos e paralisamos qualquer iniciativa de reverter essa crença, nos conformamos com a situação, justamente porque a mudança exigirá diferentes atitudes, que muitas vezes se chocam com o padrão estabelecido e geram o temido – porém necessário – desconforto, ocasionado pela mudança.

Digamos que você não esteja mesmo suficientemente preparado para realizar certa tarefa ou que de fato não conhecia bem como funcionava determinado processo. O que você faz? Mantém as coisas do jeito que estão ou tenta algo diferente?

De modo geral, quando a crença *em não conseguir fazer* é maior que *o desejo de mudar*, a pessoa não se atreve a dar um passo sequer na direção da mudança. No entanto, nada a impede de pensar o seguinte: "Será que não posso aprender algo novo?". Normalmente a mudança deve começar do zero, quando fazemos uma ruptura entre o passado e o presente. Parte-se do desconforto, do desejo de atingir um patamar melhor, o que quase sempre envolve mudar certos padrões, levando a pessoa a aprender coisas novas. Ora, se esse é o caso, por que não tentar?

Crenças como essas, como, por exemplo, a de que não conseguirá fazer algo, não só restringem o alcance de nosso desejo e realização como também nos paralisam, além de nos frustrar.

Se há algo positivo a ser dito sobre isso é que crenças são processos mentais que podem ser alterados. Aliás, não só podem como devem! Ora, se o mundo evolui o tempo todo, se o ambiente muda, se os conceitos são cada vez mais aprimorados e novas verdades aparecem todo dia, por que haveríamos de manter sempre a mesma "velha opinião formada sobre tudo", como cantava Raul Seixas?

Se você não muda, se não acompanha a velocidade com que o mundo vem se transformando, você para no tempo, fica refém da história, comprometendo , assim, sua vida e os projetos que gostaria de realizar. Porém, essas transformações não ocorrem sem traumas. Mudar é um processo doloroso, no qual é preciso abrir mão de coisas que você acreditava serem únicas e verdadeiras, mas que já não fazem mais sentido, para abraçar o desconhecido. É aqui que o medo aparece. E, com ele, a insegurança. O caminho mais óbvio é voltar para a zona de conforto, se resguardar e pôr em prática um daqueles lemas que nos mantém presos no chão, como o conhecido "melhor o certo de que o duvidoso".

Em certas situações, o lema acima faz sentido. Mas, quando pauta sua vida ou constrói sua trajetória com base nesse tipo de amarras – as "crenças limitantes" –, você não chega muito longe. O mais provável é viver uma vida de lamentos, arrependimentos, críticas e frustrações.

Chega a ser uma insanidade esperar resultados diferentes de práticas que não se alteram nunca. Se você quer ser mesmo o protagonista da sua história, se quer de fato ter uma vida extraordinária, precisa criar as condições para que isso aconteça. E mudar é uma atitude fundamental nesse processo.

Isso implica se abrir para o novo, dispor-se a percorrer novos caminhos, questionar seus conceitos e comportamentos (nada de piloto automático), avaliar o que faz sentido, o que é desperdício (de energia e de tempo), o que realmente você está buscando ou querendo construir na vida ou em sua história. Tão importante quanto quebrar paradigmas e formar novas crenças é se propor a fazer, agir, tomar uma resolução. Agir é fazer, é produzir, é pôr a mão na massa!

Capítulo 2

Entendendo a origem dos seus problemas

O modo como fomos educados na infância influencia de maneira decisiva nossas escolhas e atitudes. A boa notícia é que você pode mudar isso, alterando o que não está mais funcionando hoje.

Todos nós somos movidos por crenças e o que somos é resultado dessas crenças. Agimos de acordo com elas.

Costumo dizer que sou fruto da crença na educação. Eu venho de uma família muito modesta, com poucos recursos financeiros e muitas dificuldades. E me lembro de minha mãe dizer a mim e a meus irmãos que precisávamos estudar se quiséssemos ser alguém na vida. Veja que interessante: estudar era uma crença da minha mãe, porque ela não conseguiu fazer isso, mas percebia o quanto a falta de estudos podia limitar o desenvolvimento de uma pessoa. Ela estudou até a terceira série do antigo primário – ou seja, sentiu o gostinho da importância da educação na vida. Já meu pai era semianalfabeto e aprendeu a ler um pouco com os filhos e com minha mãe. De modo que eu cresci e fui educado com essa crença que era, a princípio, apenas de dona Anna, minha mãe.

O impacto disso na minha vida foi gigantesco. Estudar para mim sempre foi essencial. E isso ganhou uma dimensão ainda maior quando percebi o propósito por trás desse comportamento, que tinha como base aquelas proféticas palavras de minha mãe: "Se quiser ser alguém na vida, estude!". Se ela tivesse dito para eu ser empresário ou jogador de futebol, possivelmente eu teria seguido sua orientação.

Em um primeiro momento de nossa história, todos somos criados de acordo com as crenças dos nossos pais; depois, de acordo com as crenças dos nossos professores e, por fim, conforme a crença daquelas pessoas que estão mais próximas de nós, com quem convivemos ou que admiramos, o que inclui artistas, pastores, líderes comunitários e até alguns programas de rádio ou televisão. As séries que passam em canais fechados, por exemplo, têm um impacto muito grande naqueles que as acompanham.

Se você pensar e começar a analisar suas atitudes e comportamentos, certamente vai encontrar resquícios de crenças que foram incutidas ou passadas a você por seus pais ou por algum desses agentes que mencionei. Isso às vezes acontece de modo inconsciente. Se você não percebe, age quase que instintivamente, como se um mecanismo interior o incitasse a tomar determinada atitude.

De acordo com a neurociência somente de 1% a 10% de nossas decisões são tomadas pela mente racional consciente, enquanto que de 90 a 99% dessas decisões são tomadas pela mente subconsciente. Ou seja, a maioria das nossas decisões são executadas no automático, como se diz. Temos comportamentos repetitivos sem nos darmos conta do que estamos fazendo e, sobretudo, do *por que* estamos fazendo o que fazemos.

Se você teve um pai ou algum parente que, por exemplo, esbanjava dinheiro, que não era nada comedido em matéria de gastos e que falava com você sobre isso de maneira muito tranquila, sugerindo que aquele era um comportamento normal, certamente isso terá algum impacto na sua vida. Crenças, muitas vezes, se transformam em modelos. E à medida que todos nós precisamos de modelos ou referências para agir, não é nada difícil reproduzir atos ou comportamentos a partir deles.

Você tem ideia de quais crenças segue em sua vida? Quais delas são de fato inspiradoras e quais são limitantes? Veja o quadro a seguir.

Quais são suas crenças e quão inspiradoras ou limitantes elas são	
Crença inspiradora: Seus pais sempre disseram que com estudo você teria mais oportunidades na vida.	**Crença limitante:** Você sempre ouviu dizer que dinheiro não traz felicidade.
Consequência: Você tem vontade de aprender sempre.	**Consequência:** Você sempre tem dificuldades financeiras na vida.
Seguindo o modelo, liste abaixo algumas de suas crenças e quais consequências práticas elas trazem em sua vida	
Situação 1	
Situação 2	
Situação 3	
Situação 4	

É preciso dizer aqui que você não tem como mudar o que passou. Os atos decorrentes das construções de modelos e crenças que você recebeu, tudo isso ficou para trás, você não vai conseguir fazer um novo passado. Mas é certo que você poderá recomeçar sempre que julgar necessário e a chave para que isso aconteça está no autoconhecimento e no desenvolvimento pessoal, o que implica compreender o passado e perceber os atos e comportamentos que estão ligados a ele por meio de padrões e modelos que cultivamos em nossa vida. À medida que essa percepção fica clara, você começa, então, a mudar paradigmas e a construir novas crenças e modelos, de modo mais adequado ao seu propósito de vida. Felizmente, estudos ligados à neurociência, por meio da plasticidade neural e neurogênese, comprovam que é possível fazer novos caminhos neurais, reformulando nossas crenças.[3]

Vale ressaltar que há situações em que a pessoa está bem de modo geral, embora ela possa ter problemas específicos em questões financeiras, na carreira ou em relacionamentos. É importante identificar pontualmente o que está acontecendo, isolar o problema para que ele não contamine outras áreas e *pôr uma lupa* na questão central para entender o que ocorre ali. Provavelmente, você vai identificar, no modo como vinha lidando com aquele problema, traços oriundos de crenças construídas no passado. Você não vai poder mudar o que aconteceu, mas, à medida que forem ficando claras novas crenças e possibilidades de mudança, você pode construir a partir disso um novo futuro, um novo jeito de lidar com aquele problema.

Voltando àquele caso do parente pródigo, perdulário, que gastava o que tinha e o que não tinha e achava aquilo algo normal e comum. Quando você se dá conta disso, fica clara a inadequação daquele tipo de comportamento. Aqui vem o dilema: sua crença dizia que isso era algo normal, apesar do sofrimento que tal comportamento trazia, sobretudo na hora de pagar as contas, ou de ver o seu crédito

---

3. DOIDGE, N. **O cérebro que se transforma**. Rio de Janeiro: Record, 2019.

cortado por falta de pagamento. Se você liga os pontos, é como se você desnudasse o problema; você começa a enxergar que essa atitude é um desatino e logo irá evitá-la de todas as formas – seja planejando, se organizando ou, em poucas palavras, construindo um novo futuro.

Em alguns momentos, como você vai perceber, eu vou falar um pouco de neurociência, não de maneira técnica, mas apenas para ilustrar o que acontece com a nossa mente em situações como essas. Por exemplo, é importante saber que nosso cérebro não distingue o que é real do que é imaginário, assim como ele não tem noção de tempo e espaço. Se a pessoa remói sua vida, comparando o tempo todo seu presente com o passado, ou pior, justificando os insucessos do presente por conta de um passado difícil, o cérebro inevitavelmente vai reproduzir aquela realidade. Com essa postura, você repetirá comportamentos e viverá de novo problemas semelhantes. Isso está comprovado em vários estudos da mente, na psicologia, na neurociência, na psicanálise. À medida que o indivíduo traz isso para o presente, ele passa a viver aquela realidade, suas decisões vão se basear naquelas crenças e visões do passado, ainda que elas não façam mais sentido. O sofrimento é inevitável, tanto quanto o fechamento para novas possibilidades de vida e crescimento.

Se você quer dar um salto, transformar sua vida, tomar seu destino nas mãos e construir um futuro extraordinário, precisa sair da situação de vítima. Assim como eu, tenho certeza de que você conhece pessoas que vivem explicando o insucesso do presente por meio das "fatalidades" do passado. É uma forma de alimentar um círculo vicioso de decepções, derrotas, vitimização e desesperança. Claro que não devemos negar o passado – afinal, somos, produto dele, para o bem e para o mal. Mas é preciso se libertar, dar as costas para o que ficou para trás e olhar para a frente. Eu sei que não é fácil, você vai precisar de coragem para romper esse círculo, precisará mudar sua postura, reconhecer erros e acertos e parar de se explicar com base no que aconteceu. É hora de olhar para a frente, dirigir suas atitudes para a busca e a construção de novos horizontes. O passado serve apenas para aprendizagem.

Entender como as crenças se formam irá ajudá-lo a construir novas crenças – mais adequadas ao seu propósito. De modo geral, uma crença nos é incutida por pelo menos dois caminhos: forte impacto emocional e repetição ou frequência.

1) Forte impacto emocional. Ocorre quando uma situação gera um impacto ou trauma que fica gravado na memória. Se eu perguntar onde você estava ou o que estava fazendo no dia 11 de setembro de 2001, quando as torres gêmeas nos Estados Unidos foram atacadas, provavelmente você irá se lembrar. Isso acontece porque a situação foi um choque para todos, um choque transmitido em nível mundial, e marcou profundamente o início deste século. Existem situações mais particulares, com impactos semelhantes em nossa memória e subconsciente. Um pai que diz ao filho, depois de tomar conhecimento de seu baixo rendimento escolar, que ele é *burro, incompetente* e *ignorante*, estará incutindo a crença de *não merecimento* no garoto. Com certeza, essa criança não se esforçará tanto em seus desafios futuros, tendo em vista que sua autoimagem é negativa. Por outro lado, quando um pai elogia o filho e o parabeniza, dando-lhe um forte abraço, e com emoção e entusiasmo diz: "Tenho o maior orgulho de você! Mandou bem. Te admiro!", ele estará formando no interior desse jovem uma crença de merecimento e elevando sua autoestima.

2) Repetição ou frequência. Se você ouve com regularidade uma mesma frase, acabará acreditando nela. O pai que repetidamente fala com o filho e o chama de *incompetente* estimula um comportamento negativo, de baixa autoestima no garoto. Ou seja, a pessoa cresce e vai para o mundo sem grandes expectativas, pois, de fato, nem ela espera grande coisa de si mesma. De maneira oposta, se o garoto é reconhecido pelo pai ou mãe como alguém esforçado, dedicado e inteligente, isso vai se refletir na vida desse jovem. Suas ambições serão tão grandes quanto sua autoconfiança em conseguir o que quer.

Impacto e frequência são condições para que uma crença se forme. Isso significa que, se você assiste a uma palestra ou lê um livro com mensagens poderosas e está em contato frequente com assuntos como esses, isso poderá influir no seu modo de ver e pensar o mundo e, por decorrência, na sua carreira, relacionamentos e outras áreas da vida. Se a mensagem fizer sentido e encontrar espaço em sua rotina, alterando positivamente o seu jeito de fazer as coisas, certamente você adotará essa nova crença. A bem da verdade, fazemos isso de modo inconsciente, com coisas pequenas, com frases que ouvimos aleatoriamente. E, de modo geral, isso funciona bastante.

Se funciona com pequenas coisas, por que não começar a prestar atenção no que faz mais sentido na sua vida, relacionando comportamentos, crenças e os resultados que vem obtendo?

Se podemos mudar ou formar uma crença quando repetimos muitas vezes as mesmas coisas, o que nos impede de definir o que queremos mudar em nossa vida?

A resposta é: nada!

Você pode mudar uma crença ou construir uma nova de duas maneiras: pela visualização ou pela repetição. Por exemplo, se você escrever e ler (preferencialmente em voz alta) todos os dias o que quer ser ou o que quer fazer na vida, isso certamente irá se transformar em coisas nas quais você acredita, e logo serão crenças por meio das quais poderá atingir grandes objetivos.

Pense nos grandes feitos que ocorreram em sua vida e tente tirar desses episódios crenças e inspirações positivas para motivá-lo a novas conquistas.

Você é capaz de realizar grandes sonhos! Acredite!

EXERCÍCIO 1
··················

Veja este exemplo: digamos que você tenha dificuldades para dizer *não*. Pergunte-se de onde vem isso ou desde quando isso acontece.

Aqui vai uma possibilidade: em sua infância, talvez você tenha sido apontado como uma criança boazinha, sempre disponível e prestativa, pronta para fazer qualquer coisa que lhe pedissem. Você foi um exemplo de bom comportamento! E, por isso, sempre recebia elogios. Certa vez, porém, você disse *não*; disse que não queria fazer um determinado favor para o seu pai ou mãe (ou para algum parente). E foi então julgado como preguiçoso, como uma pessoa com má vontade de fazer as coisas e, claro, parou de receber elogios. Certamente aquilo o incomodou bastante, afinal, todos gostamos de receber elogios. Portanto, você voltou a dizer sim para tudo, atendendo sempre a todos os pedidos, mesmo que isso, eventualmente, lhe desagradasse. Ou seja, você criou uma crença de que deve sempre dizer sim – logo, terá dificuldades quando precisar dizer não.

Isso já aconteceu com você? Você conhece alguém assim?

Há inúmeros exemplos como esse. Tente encontrar situações em sua vida com as quais você *não se sente mais satisfeito hoje*. Nessas situações, como você costuma agir? Sente-se pressionado? Por quem? Tente encontrar alguma crença que o faz se comportar dessa maneira.

	Comportamento (Uma ação repetida por você)	Crença associada (Identifique uma situação que possa "inspirar" esse comportamento)
Situação 1		
Situação 2		
Situação 3		

EXERCÍCIO 2
. . . .

Agora vamos inverter a situação e buscar um mínimo de satisfação. Faça o mesmo exercício, mas comece pelo resultado que gostaria de obter nessas situações.

Antes, vou dar um exemplo para você seguir. Imagine que você deseja passar em um concurso público superconcorrido. Nessa situação, você já sabe o resultado que deseja alcançar, que é a aprovação. Primeiro, você deverá mudar seu comportamento, pois, agindo da forma como vem fazendo (isto é, sem dar a devida importância ao processo), não obterá o resultado que deseja. Então, a partir de agora, que já tem clareza de onde quer chegar, você precisará estar disposto a pagar o preço. Será necessário manter uma rotina de estudos diária e disciplinada. Digamos que você tenha decidido estudar em média oito horas por dia. Até aqui tudo bem, você sabe o que quer e está se dedicando. Porém, se mantiver em sua mente crenças de "não merecimento" ou de "baixa autoestima", ou, ainda, se tiver uma atitude mental negativa, por mais que você se esforce, não atingirá seus objetivos. Bem, com base nesse exemplo, realize agora o exercício a seguir, imaginando possíveis resultados que você deseja, bem como os comportamentos que deve assumir e as crenças a que devem estar associados.

Novas crenças e resultados que você deseja			
	Resultado (O que você quer obter?)	**Comportamento** (O que você deveria fazer para obter os resultados que quer?)	**Crenças associadas** (Que princípios ou crenças poderão alimentar esse comportamento?)
Situação 1			
Situação 2			
Situação 3			

Existem crenças que nos movimentam para a frente, porém, há algumas que nos seguram e nos impedem de progredir. São as chamadas crenças limitantes. Quase sempre essas crenças nos aprisionam – seja limitando nossas ações ou induzindo nosso comportamento ou reação de acordo com aquela visão que se estabeleceu em nossa mente.

Eu observo meu filho mais novo, que está agora com pouco mais de dois anos de idade, e é impressionante como ele reproduz uma série de comportamentos meus. Eu entro no carro e ele também faz o mesmo, gira uma chave imaginária, simula o barulho do motor, segura o volante, mexe na alavanca, no som e faz basicamente tudo o que eu faço quando estou dirigindo. Acontece com ele, comigo, com você, acontece com todo mundo. E por que acontece? A razão está nos chamados "neurônios espelho", uma das descobertas mais importantes da última década. Os estudiosos acreditam que esses neurônios são cruciais nos processos de imitação e aprendizagem da linguagem, especialmente quando buscamos, *e precisamos*, nos identificar. Na verdade, estamos construindo uma identidade própria, cujo ponto de partida são os ensinamentos ou comportamentos dos nossos pais. Isso acontece até um ponto em que já não distinguimos mais o que é genuinamente nosso e o que foi incorporado, de modo que, de uma hora para outra, estamos repetindo comportamentos e crenças sem nos darmos conta da razão disso acontecer. Alguns comportamentos e crenças são, sem dúvidas, positivos, outros, por sua vez, nem tanto. Como pais, devemos nos atentar para a forma como estamos agindo, como estamos falando e como estamos nos expressando na frente dos nossos filhos, pois eles repetirão tudo o que fizermos. Só com o autoconhecimento você conseguirá identificar esses comportamentos e crenças e avaliar o impacto que causam em sua vida. Sem essa percepção de si mesmo, você não consegue alterá-los.

O palestrante e empreendedor norte-americano Jim Rohn diz que somos a média das cinco pessoas com as quais mais convivemos. Na Bíblia, em 1 Coríntios 15:33, há uma passagem semelhante: "Não vos deixeis enganar: más companhias corrompem bons costumes". Os iguais tendem a se aproximar. Empresário gosta de conversar com empresário, escritor gosta de ficar perto de escritor, quem tem vício gosta de compartilhar esse vício e assim por diante. Pessoas tendem a procurar pessoas que de alguma forma são parecidas com elas, seja naquilo que fazem, de que gostam ou na forma de pensar. Hoje se usa uma expressão curiosa para isso: são as chamadas "bolhas", espaços virtuais em que as pessoas se juntam com quem pensa da mesma forma e, portanto, acabam dizendo a mesma coisa umas para as outras. Talvez em alguns momentos isso seja bom ou divertido, mas é importante sempre avaliar o saldo desses grupos. Alguns deles são círculos fechados, pois o que reúne essas pessoas é uma mesma crença ou opinião, a favor ou contra alguma coisa. De novo, o autoconhecimento será imprescindível para você avaliar se está valendo a pena continuar nesses círculos ou ficar reproduzindo comportamentos que já não encontram sentido no atual momento de sua vida. A pergunta-chave aqui é: se você continuar fazendo o que faz, será que vai conseguir realizar os sonhos que tanto quer?

Mas há grupos (diferentemente das "bolhas") em que pessoas se reúnem para trocar ideias e falar sobre seus projetos, com o objetivo de ajudar os membros a resolver problemas, trazendo sugestões e conselhos de outros membros do grupo. Nesses casos, a ideia não é alimentar uma posição ou uma opinião, mas discutir posturas e procedimentos em prol de algum objetivo ou resultado.

Se estivesse conversando com algum amigo ou coach sobre os seus sonhos, como você avaliaria a possibilidade de realizá-los?

Escreva três grandes sonhos (projetos, metas ou decisões) e diga o que tem feito para conseguir realizá-los e o que tem impedido você de alcançá-los.

Sonho (Desejo, meta, projeto)	Ação/ações a favor (O que você tem feito para realizá-lo?)	Açãc/ações contra (O que o impede de alcançá-lo?)
1.		
2.		
3.		

Entendendo a origem dos seus problemas | **53**

Você merece a vida que tem?

Um aspecto a ser destacado aqui é que a maioria das pessoas nem sempre tem clareza daquilo que deseja, o que dificulta saber se estão no caminho certo ou não. Se isso não estiver claro, qualquer caminho serve, de modo que a pessoa passa a ter trajetos que não fazem sentido ou que só lhe trazem desprazer e frustração. Nesse ponto, é fundamental se localizar em sua trajetória, compreendendo o que está fazendo nesse momento e em que medida isso tem a ver ou não com o que você quer ser e com o que deseja alcançar.

Trata-se de um processo que pode ser visto de várias formas e é interessante porque ele nos faz refletir sobre coisas simples que acontecem em nossa vida. Veja este exemplo: minha mãe, por ter tido uma vida financeira limitada, costumava dizer para os filhos que o importante era "termos o suficiente para viver". Isso, no mais restrito senso, quer dizer: se alimentar, ter um lugar modesto para morar, pagar as contas e ter uma vida simples e contida, sem nada além do necessário. É uma ideia simples, que não admite (por julgar desnecessário) qualquer coisa que vá além do que realmente precisamos para viver. Quando fiz 18 anos, me dei conta de que essa era uma visão que estava muito atrelada àquele contexto que minha mãe e meus irmãos vivíamos, quando tínhamos dificuldades financeiras e qualquer excesso comprometeria o frágil equilíbrio das contas de casa. Quando percebi isso, um novo conceito apareceu: o de merecimento.

Pelo meu esforço, por meio de minha dedicação, eu merecia mais que aquilo e poderia investir mais em conquistar coisas que acreditava serem importantes para mim. É um direito que todos nós temos, não há nada que nos impeça de crescer e ampliar os horizontes de conquistas. Se acreditarmos que merecemos mais da vida, poderemos, então, escapar do modelo em que só é possível ter o "suficiente para viver". Essa visão que alguns pais passam aos filhos – decorrente da situação que viveram e por pensarem sempre no bem da família, à maneira deles – acaba limitando e cortando as asas dos filhos. "Pare de sonhar, ponha os pés no chão" são frases que vêm acompanhadas da ideia de ter "o suficiente para viver". Ou seja, esses pais buscam reproduzir o universo deles na vida de seus filhos. Se estes não percebem isso a tempo, passam a vida acreditando que seu limite é buscar o "suficiente para viver", dentro daquela ideia do mínimo necessário.

Quando compreendem isso, algumas pessoas parecem ter descoberto um pretexto para justificar seus fracassos e passam, então, a culpar seus pais. Ora, isso é o mesmo que se fazer de vítima. Nossos pais fizeram o que podiam e o que sabiam, em uma época em que não havia tanta informação como existe hoje. Você precisa entender de onde vêm algumas de suas limitações, perceber que algumas delas talvez estejam relacionadas à educação que você recebeu e notar como elas o impedem de viver plenamente sua vida. Mas o mais importante é saber que você pode mudar isso, pode transformar suas crenças e construir um novo patamar de sucesso em sua vida. Para isso, será preciso desassociar as crenças do passado, formando novas crenças, com novos hábitos e novas atitudes para mudar a situação atual.

Se você nasceu em uma família com poucos recursos e teve uma infância difícil ou passou necessidades, isso não significa que sua vida vai dar certo ou errado. Do mesmo modo, se você nasceu em "berço de ouro", sem problemas financeiros e estudou nas melhores escolas, não há garantia alguma de que as coisas vão dar certo ou errado. Não é isso que vai fazer a diferença. Não é a sua origem nem a sua condição que definirão seu destino na vida, muito menos determinar seu grau de prosperidade. O que define isso são as decisões e atitudes disciplinadas que você adota a partir do momento que toma consciência de quem você é, de onde está e aonde quer chegar.

Capítulo 3

A conscientização como o início da mudança

É hora de colocar as coisas nos seus devidos lugares, avaliar o que ainda funciona, o que ficou obsoleto ou para trás e preparar os próximos passos para dar início às conquistas que você vai ter em sua vida.

Para navegar pelo mundo de maneira confiável, é necessário ter um mapa. Aonde você quer chegar (na vida, na carreira, em algum relacionamento ou empreendimento)? Não dá para querer fazer tudo ao mesmo tempo, ter vários objetivos ou metas e querer atingi-los todos de uma só vez. Se você está pensando assim, prepare-se: nada vai acontecer. Se você pegar um táxi e der ao motorista cinco destinos, ele certamente vai perguntar aonde é que você quer ir primeiro – porque não dá para ir a todos os endereços ao mesmo tempo. Será necessário estabelecer uma ordem de prioridades. O que vem primeiro?

A simples configuração de um cenário futuro tem como pressuposto algum desconforto no presente, talvez alguma frustração ou o mero descontentamento com a situação atual. Se você não quer ser essa pessoa que se angustia, que sofre, que está em um relacionamento que já se esgotou, por exemplo, é preciso reconhecer e admitir essa situação. Ou, se você não quer ser aquele empresário sem ânimo, desestimulado ou aquele profissional estagnado, que não vê mais sentido nem oportunidades de crescimento, é preciso, antes de tudo, admitir isso como um fato (ainda que lamentável) concreto ou como um estado de coisas que você deseja mudar. Este é o primeiro passo: admitir a situação de desconforto.

Vamos dizer que você então resolve admitir a situação, mas não sabe o que fazer ou não consegue identificar bem o que está buscando. Isso é mais comum do que se imagina. Não saber para onde se quer ir e não fazer nada é o mesmo que ir para qualquer lugar ou permanecer onde está. Por isso, a pessoa acaba ficando, por precaução, na mesma situação, empurrando a vida, seguindo o ritmo da maioria e sendo parte daqueles que vão perdidos em suas trajetórias. No fundo, isso é uma desculpa para que o indivíduo permaneça naquele relacionamento que já deu todas as provas de que não faz mais sentido, para que insista naquele modelo de negócio que só traz prejuízo, no estilo de vida que só traz malefícios ou para que "decida" que, em vez de enfrentar o desconhecido, é melhor ficar onde está, ou seja, permanecer naquele emprego sem perspectiva, sem motivação e sem desafio de nenhuma espécie.

Para além dos prejuízos óbvios de desânimo, frustração e desesperança, esse tipo de conformismo chega a prejudicar a saúde.

Mas por que uma pessoa preferiria levar uma vida de enganos, em preto e branco e sem perspectiva de mudança, paralisada, do que tentar definir e construir um horizonte com inúmeras possibilidades de realização? Porque lhe falta autoconhecimento, um processo no qual a pessoa faz um inventário sobre si mesma, entendendo-se melhor, sabendo com clareza o que quer, o que tem, o que conhece sobre suas habilidades e comportamentos, quais suas inclinações, suas dificuldades, o que pode melhorar e o que vem desperdiçando (em termos de talento e recursos). Por ora, como meio de começar a identificar esse caminho que você quer construir, tente responder a algumas questões, buscando identificar:

1. O que está funcionando hoje em sua vida (em sua carreira, relacionamento, negócios etc.) e o que não está?

O que funciona (e por que está dando certo)?	O que não funciona mais (por quais razões você não está satisfeito)?

2. O que você faz (em sua carreira, relacionamento, negócios etc.) que continua valendo a pena — e o que não faz mais sentido?

O que tem valido a pena, apesar de alguma dificuldade?	O que não vale mais a pena, apesar de alguma eventual vantagem?

3. Se você já tem alguma ideia do que quer, que coisas você faz hoje que o aproximam da realização desse sonho? E que coisas o afastam dele?

Entre as coisas que você faz hoje, quais o aproximam do seu sonho (e porquê)?	Entre as coisas que você faz, quais o afastam do seu sonho (e porquê)?

Esses são passos preliminares que, certamente, ajudarão você a construir esse caminho.

O autoconhecimento, é importante ressaltar aqui, é uma das formas mais antigas que o ser humano tem para se desenvolver. Na Grécia Antiga, há cerca de 2.500 anos atrás (século IV a.C., aproximadamente), foi inscrito na entrada do Templo de Apolo, em Delfos, este aforismo: "Conhece-te a ti mesmo e conhecerás todo o Universo e o poder dos deuses; porque se o que procuras não achares primeiro dentro de ti mesmo, não acharás em lugar algum".

A ideia é clara: você precisa primeiro se conhecer, saber o que quer e o que deseja, porque a riqueza, a felicidade, os bons relacionamentos, as viagens que quer fazer e as metas que quer devem estar materializados primeiramente *dentro de você*, na sua mente, para que depois se manifestem no plano da realidade. É nesse sentido que a frase diz que devemos procurar em nós mesmos o que desejamos, pois o exterior reflete o nosso interior.

Nesse processo, a palavra-chave é *consciência*. O sentido é o de tornar conhecidos os processos emocionais e afetivos, as inquietações, as angústias e as ansiedades, entre tantos outros sentimentos que acontecem dentro de nós. Todos esses processos estão de alguma forma associados ao que acontece em nossa vida. Às vezes, revelam-se de maneira imediata; outras, ficam guardados em nosso ser interior. O que é importante aqui, nesse processo de autoconhecimento, é descobrir que tipo de emoção você está sentindo no momento que as coisas estão acontecendo, no instante em que você faz suas tarefas.

- Quando você vai ao trabalho, como é essa emoção? É de alegria, de contentamento, de apreensão, de resignação ou de tristeza?
- Como se sente quando vai encontrar sua mulher ou seu marido, por exemplo, quando volta para casa, depois de um dia cheio no trabalho? Que sentimentos passam por você? Há ansiedade, aflição, raiva, mágoa, desejo? O que você sente e percebe?
- O que é que faz você vibrar, animar-se, pular de alegria?
- Quando vai comprar um presente para a pessoa que você ama e está em dúvida sobre o que escolher, que emoções predominam sobre cada opção? A que lhe dá uma sensação boa, de um sentimento de bem-estar ou a de indiferença, com a sensação de apenas cumprir uma obrigação? Você consegue distinguir essas emoções?
- Quando vai falar com seu chefe para pedir um aumento, como você se sente?

- Quando você faz uma viagem com sua família, a sensação é de que está desperdiçando dinheiro ou investindo em qualidade de vida?
- Quando se inscreve para fazer um curso, que sentimento você alimenta: pensa que o valor investido vai fazer falta ou que você está investindo em sua carreira e o retorno virá em seguida?

Os resultados que obtém estão diretamente relacionados ao seu estado de ânimo. Se o ânimo é positivo, as coisas tendem a ser melhores. Se for negativo, isso se refletirá em uma tarefa malfeita, na falta de disposição ou na ausência e negação – a procrastinação, por exemplo, é um desses sintomas.

Aqui entra a importância do autoconhecimento. Se você identifica uma emoção desagradável quando está fazendo algo, ou percebe que esta emoção ruim está associada ao que está realizando, é interessante rever o que está executando. Por outro lado, se não perceber a relação entre as partes, é possível que você passe a vida fazendo coisas que não lhe dão prazer, acreditando que a vida é assim, que as pessoas são do jeito que são e que tudo o que lhe resta é se conformar com isso, vivendo uma vida morna, em preto e branco e sem graça.

Dependendo do seu estado emocional, você pode conseguir fazer coisas maravilhosas ou pode não sair do lugar. Significa dizer que é possível mudar o seu estado de ânimo, desde que você saiba, pelo autoconhecimento, qual é a sua situação ou o seu estado emocional.

A verdadeira mudança começa a acontecer dentro de você, no seu cérebro. Mahatma Gandhi já dizia: "Seja a mudança que você quer ver no mundo".

Assim como o nosso cérebro não distingue o real do imaginário, como mencionado anteriormente, ele também não distingue se o que você está sentindo tem a ver com algo que aconteceu no passado ou está acontecendo no presente. A linha do tempo no nosso cérebro segue uma lógica bem diferente da convencional. É isso que explica o fato de você assistir a um filme de terror, por exemplo, e sentir-se apavorado, mesmo sabendo de antemão que aquilo é apenas ficção. Você pode saber disso, mas o seu cérebro não sabe.

Esse fato é comprovável por meio da Ressonância Magnética Funcional (RMF). Em um experimento, um voluntário foi exposto a um estímulo real, por exemplo, uma música. O equipamento de RMF mapeou as sinapses (troca de impulsos nervosos entre as células do cérebro) que aconteceram enquanto esse voluntário escutava a música. Depois, pediram a ele que cantasse mentalmente a mesma música que tinha acabado de ouvir. No experimento, comprovou-se que as mesmas áreas cerebrais foram ativadas. Processo semelhante foi feito com fotografias, onde as áreas ativadas foram as mesmas quando o voluntário viu a fotografia e quando apenas mentalizou a foto que viu.

Para esclarecer melhor esse ponto: o nosso cérebro, por uma questão de sobrevivência (da espécie), tende a nos manter em uma zona de conforto, protegendo-nos dos "perigos do mundo". Nesse sentido, o novo ou o desconhecido, para ele, é uma ameaça. Portanto, o cérebro fará tudo o que for possível para nos proteger. Isso acontece porque nossa mente não distingue risco de oportunidade. Para o cérebro, qualquer coisa diferente do convencional ou do habitual é entendida como uma ameaça. O que vem em primeiro lugar para a mente é a nossa segurança, e, como tendemos a ser "influenciados" por ela em razão do "instinto de sobrevivência", nós nos acostumamos a evitar e a fugir das oportunidades – porque elas podem ser lidas pelo sistema nervoso como sinais de perigo.

Tudo o que você sentir e afirmar como verdade mental e emocional para si mesmo será aceito como realidade pelo seu subconsciente, que materializará isso, fazendo com que você viva em função desse sentimento. Isso tanto para o bem quanto para o mal. Se você guarda uma mágoa ou cultiva algum rancor, alimentando e remoendo aquele sentimento em razão de uma pessoa que talvez já nem faça mais parte da sua vida, você acaba sofrendo e comprometendo todas as coisas ao seu redor. Enquanto você não se livrar dessa imagem (o que implica dizer: desse sentimento), você ficará preso, ficará se arrastando em razão desse episódio (que já é passado) e em certo sentido, contaminará tudo o que fizer no presente e na construção do futuro com essa mágoa ou rancor. É assim que o subconsciente entenderá a situação, independentemente de ela ser real ou não. E você vai pautar sua vida nisso.

Reflita se existe alguma rotina ou decisão em sua vida baseada em algum sentimento irreal, um medo, uma humilhação ou um trauma de infância. Será que vale a pena viver assim? É claro que não, sobretudo quando você compreende que alguns desses sentimentos não fazem mais parte da sua vida presente – eles estão no passado, associados a eventos que já não existem mais. Se o tempo já se encarregou de levá-los embora, por que você os mantém em sua mente, no seu subconsciente?

Minha dica é: esqueça isso, desligue-se, deixe esses sentimentos no passado e não os carregue em sua vida. O que você precisa fazer para afastá-los é mudar o seu estado de ânimo.

EXERCÍCIO 1

1. Pense em algo que quer fazer, um desejo ou projeto que quer realizar.
2. Feche os olhos e imagine aquilo que você quer como se fosse um desejo já realizado. Entre dentro da cena. Vivencie-a agora.

3. Pense em tudo o que acontece nessa cena que está em sua cabeça, olhe bem de perto as pessoas que estão em volta (identifique-as) ou observe os detalhes do espaço ou do evento em questão. Quanto mais detalhes você notar, mais real a cena lhe parecerá.

4. Que sentimento essa imagem provoca em você?

5. Agora, imagine isso tudo com um profundo sentimento de alegria e contentamento.

Em minhas palestras, quando peço para as pessoas fazerem isso, a maioria delas esboça um sorriso. Esse é o estado de ânimo que você precisa alimentar para conquistar e realizar seus sonhos. Quando você alimenta rancor ou mágoa por alguém, o cenário que projeta é uma volta no tempo, um espaço onde o único a sofrer é você mesmo, pois a pessoa que causou isso está seguindo a vida dela, e nada do que você sentir ou pensar mudará isso.

Quando a pessoa não se liberta desse sentimento, ela vive um círculo vicioso, reproduzindo situações e discussões que já não existem mais. Isso é muito comum em casais que se separaram. Muitos perdem um tempo enorme repetindo discussões que aconteciam no interior da relação (que não existe mais!) e deixam de viver um mundo de novas possibilidades, chegando a perder a oportunidade de um novo relacionamento. Isso acontece também quando alguém é despedido de uma empresa e se sente injustiçado. A pessoa carrega esse sentimento por onde vai, dificultando, assim, novas relações profissionais.

Isso não quer dizer que você não deva sentir mágoa ou tristeza. Todos nós sentimos isso. Às vezes temos inveja, raiva, ficamos furiosos ou apáticos e não há nada de errado em sentir essas emoções. O problema é quando elas passam a ocupar um espaço maior do que deveriam, tomando de nós um tempo que poderia ser empregado na descoberta de algo novo, que nos traria mais alegria ou uma vida mais plena. Ou seja, quando elas nos impedem de fazer as coisas que gostaríamos de fazer. É preciso mudar o mais rápido possível esse sentimento negativo.

EXERCÍCIO 2

1. Pense em um acontecimento que te deu muito prazer e alegria (a conquista de um diploma, uma promoção, o dia em que conheceu a pessoa que ama; o nascimento de um filho, uma viagem etc.).
2. Como era esse sentimento? Você consegue descrevê-lo?
3. É esse o sentimento que você precisa adotar em sua vida para realizar os seus sonhos. Essa é a energia que move você em direção às coisas que quer fazer ou conquistar.
4. Pense no que quer realizar (com todos os detalhes recomendados no primeiro exercício) e projete essa energia e entusiasmo na construção desse sonho.

Quando você faz isso, é como se "morresse para o passado". Quando os sentimentos passados, que o aprisionam em sua vida, saem do radar do presente você abre espaço para o novo. Mas isso só acontece quando a pessoa se dá conta disso, quando ela usa o autoconhecimento para compreender o que acontece com ela e, sobretudo, *dentro* dela, isto é, em sua mente.

É evidente que nesse processo você precisa perceber o quanto as coisas não estão bem, ou não estão sendo favoráveis. Na verdade, é possível que você perceba isso. Mas o ponto que fará a diferença é este: você precisa admitir que as coisas não estão bem. Admitir significa reconhecer que você não está satisfeito com seu trabalho, com o que vem obtendo com ele ou com seu relacionamento, por exemplo.

Mas qual é a diferença entre perceber e admitir?

Quando você apenas percebe, o sentimento é de desconforto, mas também de resignação. A pessoa aceita conviver com o desalento, com o desânimo, vendo isso como aspectos inevitáveis da vida. Já quando ela admite que as coisas não estão bem, que a vida está entregando muito menos do que ela gostaria, parece haver aí um sentimento de inconformidade, a pessoa não aceita ou decide não aceitar mais e quer mudar o que acontece em sua vida. É como se viver de um jeito triste e amuado não fizesse mais sentido.

Será que você admite ou reconhece que algumas coisas podem estar fora do lugar em sua vida?

Pare um pouco, respire, pense na vida que leva, pense no que está funcionando, nas coisas ou momentos que lhe dão prazer e também nas coisas e pessoas que o irritam. Observe sua rotina, faça um pequeno inventário de tudo o que acontece, como se pudesse pôr essas coisas todas em uma balança.

Agora responda objetivamente: qual é o saldo? Qual é o sentimento que predomina? O que prevalece: a emoção da alegria ou algum sentimento de pesar, de desconforto?

Você não tem que ser só feliz ou só infeliz. A vida não é assim. Somos felizes, mas também temos momentos de infelicidade, bem como temos momentos de satisfação e de insatisfação. O que você precisa descobrir é o que predomina no geral: uma sensação de bem-estar e de satisfação ou um sentimento de angústia e tristeza? Tente olhar em diferentes momentos, no contato com diferentes pessoas (familiares, amigos, relacionamentos) e descobrir o que prevalece na maior parte do tempo.

É importante saber isso, porque muitas vezes a situação que vivemos nos engana – na verdade, é o nosso cérebro que age, como expliquei, para nos proteger. Às vezes a pessoa está bem financeiramente, não tem problemas no trabalho, mas vive uma relação complicada, na qual predomina a insatisfação. E essa insatisfação é tão grande que acaba ofuscando os bons momentos vividos em outras áreas. A pessoa passa então a viver uma vida em preto e branco, sem brilho no olhar.

Criar uma melhor consciência sobre o presente, sobre o que estamos vivendo, torna mais fácil a tarefa de viver e, assim, reagir na hora certa.

Digo isso porque já vivi assim. Passei por um processo de separação em que isso foi muito acentuado. Chegou um momento em que eu estava me sentindo desconfortável, justamente quando eu tinha tudo para estar bem: tinha feito uma especialização, acabado de fazer um mestrado, estava progredindo financeira e profissionalmente, mas como pessoa não estava bem. Eu me sentia como se estivesse em um tonel, sufocado. Estava em um ponto em que percebia o desconforto, mas ia tentando me adaptar, tentando encontrar um jeito de levar aquilo para frente. Minha vida tinha perdido a graça, era uma vida sem cor, um mundo em preto e branco.

Mudar tomar uma decisão não seria algo fácil. Preocupava-me com uma série de coisas, inclusive com o que os meus amigos, as pessoas com quem convivia, iriam pensar. Naquela época, eu dava muita importância para o que os outros falavam. Não era uma decisão simples. Seria preciso muita força de vontade, muita determinação, seria preciso mudar algumas crenças com relação ao casamento e, sobretudo, admitir que aquela não era a vida que eu queria levar.

Se a sua força de vontade e o seu sofrimento não forem maiores que a sua zona de conforto, você não sai dela.

Isso foi assim até o momento em que admiti que aquilo não era o que eu queria de uma relação e me predispus a mudar a partir do autoconhecimento. Buscando formas e meios de alterar aquele estado de ânimo, tudo se transformou. Foi como se eu tirasse duas toneladas de angústia, desânimo, insatisfação e melancolia dos ombros. Quando isso aconteceu, o que era ruim ficou para trás e o que era bom melhorou ainda mais.

Minha energia mudou, meu ânimo também, assim como ficaram mais claros os meus objetivos e desejos – incluindo o que realmente queria e esperava de um relacionamento.

Se as coisas não são claras, tudo é uma confusão e a vida, que é um presente, deixa de ser leve e adquire um tom nebuloso. Por outro lado, quando você sabe o que quer, fica fácil perceber o que está em desacordo. No meu caso, essa mudança foi nítida e as pessoas ao meu lado percebiam que eu estava feliz, que estava me reencontrando. Elas olhavam para mim e viam que meu olho brilhava, ao contrário do que acontecia antes, quando meus olhos eram sombrios e apagados. Essa é uma reflexão que você precisa fazer. Quando estiver sozinho, olhe-se em um espelho, veja como estão seus olhos, como está seu semblante, pense nas coisas que faz e nas que gostaria de fazer, considere seu trabalho, seu relacionamento e avalie sua expressão: será que é de lamento, de derrotismo, de euforia? Você se sente feliz ou está acomodado? Seja sincero. Se por acaso passar por sua cabeça algo como "eu poderia estar melhor", bem, essa é a dica que você está dando a si mesmo.

Muitas vezes, a falta de clareza ou de perspectiva se associa muito à confusão que você vive no momento. A pessoa às vezes está tão envolvida e enrolada com os problemas e dificuldades do dia a dia que não consegue enxergar as coisas mais óbvias. Se você limpa o seu ambiente, reconhece o que está funcionando e o que não faz mais sentido. Enfim, esses pequenos movimentos ajudam você a ver com mais clareza o dia de amanhã. Se as coisas ainda não são claras, não se desespere. Comece por tentar arrumar a casa, tente colocar as coisas que estão fora do lugar em seus respectivos lugares, e, acredite, tão logo isso for se ajeitando, você começará a ter uma visão mais precisa do que quer e do seu futuro.

Lembre-se também de que o estado geral, aquilo que predomina, é o que conta. Como disse, e isso aconteceu comigo quando passei pelas crises, eu tinha, por exemplo, uma situação financeira boa, com uma carreira razoavelmente resolvida, mas o conjunto da obra, quando ficava comigo mesmo, a sensação era de angústia, de tristeza e de frustração. Isso acontece porque a vida é um conjunto de coisas que acontece com a gente e todas têm peso e impacto no que somos e sentimos. Se a sua conta bancária é farta, mas você tem um problema de saúde, inevitavelmente uma sombra vai se estender no seu caminho. Se você fecha um importante negócio, mas, quando chega em casa para comemorar, o seu filho sai porque você não dá atenção a ele, isso é como um balde de água fria no seu entusiasmo.

Quando essas coisas acontecem, a pessoa precisa tomar decisões, avaliar o que realmente é importante, reconhecer o problema, como disse, e trabalhar para que tudo se resolva. Alguns acreditam que é melhor deixar como está, pois, se forem mexer com aquilo, a situação talvez piore. Isso, além de errado, é ruim, porque certamente a tendência é piorar – é uma questão de tempo. Nesses casos, a pessoa se pauta pelo medo, o medo do desconhecido, de enfrentar o novo e de sair de sua zona de conforto. Quando decide resolver uma situação ou uma dificuldade, você está tomando as rédeas da sua vida e está no controle; do contrário, as coisas vão se resolver de qualquer jeito – o que quase sempre é do pior jeito.

Na verdade, algumas decisões precisam ser tomadas com base na ousadia e na coragem. É preciso correr alguns riscos. Quando você corre riscos desse tipo, *dar errado* é apenas uma possibilidade entre inúmeras outras e, se isso acontecer, se estiver mesmo disposto a enfrentar os desafios, você certamente vai encontrar o seu caminho. No entanto, se você não ousar, não correrá risco algum, por um lado, mas por outro, terá a garantia do insucesso, do fracasso, que é, também, um jeito de se acomodar.

Não temos certeza do que vai acontecer quando tomamos uma decisão. Mas é claro que o intuito é sempre o de acertar, de conseguir algo melhor ou de, pelo menos, deixar para trás uma situação ruim ou paralisante. Essa mudança precisa acontecer baseada na fé em si mesmo e na certeza de que o melhor já está acontecendo.

Se você tiver dúvida, se não acreditar, se achar que o passo da mudança vai dar errado, eu sou capaz de dizer que é isso mesmo o que vai acontecer em sua vida. Se você próprio não acredita no que está fazendo, se duvida de sua capacidade de conquista, como alguma providência que tome poderá dar certo?

Tudo o que você faz está muito ligado a essa questão emocional. Há uma frase atribuída a Henry Ford que afirma o seguinte: "Se você acredita que pode ou se acredita que não pode, nos dois casos você está certo!".

Como poderia ser diferente? Esse é um conceito que está na Bíblia, em Marcos 5:25-34. Nesse trecho há uma passagem que conta sobre uma mulher que, havia doze anos, padecia de uma hemorragia. Ela já tinha procurado médicos e feito tudo o que podia para tentar curar-se, mas, até então, nada conseguira. Quando ouviu falar de Jesus, e tendo uma oportunidade de encontrá-lo, ela o seguiu, no meio de uma multidão, até tocar-lhe as vestes. Acreditava que, se tocasse no manto de Jesus, ficaria curada. Tão logo fez isso, a hemorragia cessou, e ela sentiu o corpo curado. Jesus percebeu aquele toque e perguntou aos apóstolos quem havia tocado seu manto. Eles disseram-lhe que não tinham como saber, tamanha era a multidão que se comprimia. Foi então que a mulher se aproximou, prostrou-se diante dele e disse que ela mesma havia tocado suas vestes. Jesus a olhou e disse: "Filha, a tua fé te salvou".

O interessante nesse relato é que o poder de cura estava dentro da própria mulher. Vamos discorrer mais à frente sobre isso. É essa convicção, a fé em si mesmo, que vai fazer você dar a volta por cima e conquistar as coisas a que tem direito nesta vida.

Vale ressaltar aqui que, quando isso não acontece, isto é, quando a pessoa não tem essa convicção, essa fé ou a crença de que será capaz de realizar algo, no fundo ela está fragilizada ou muito insegura. Ela não encontra a energia necessária para mudar, a energia que vai lhe permitir dar o salto transformador. A maior dificuldade aqui é encontrar um meio que permita a essa pessoa que ela mesma se fortaleça. O caminho, como eu disse, é, primeiro, se dar conta da situação, tomar consciência e admitir que precisa se reerguer para sair desse lugar, sozinho ou com a ajuda de alguém. Quantas vezes você não se sentiu sozinho, abalado, em dúvida, sem confiança, sem coragem de pedir ajuda e, pior, tendo que tomar uma decisão ou tendo que dar alguma satisfação em um momento no qual você estava absolutamente fragilizado?

Muitas pessoas, por conta do orgulho, da vaidade e do medo de admitir que não sabem o que fazer (porque admitir isso pode ser entendido como um sinal de "fraqueza") ficam estagnadas. Diante de todas essas barreiras que, em princípio só estão na mente da pessoa, ela acaba paralisada ou faz coisas equivocadas, sem pensar ou pensando mal, sem avaliar as consequências e prejuízos dessa atitude. É aqui que o estado de autoconsciência e o autoconhecimento fazem a diferença.

Não são as pessoas que o veem de maneira diferente, é você que está diferente, abatido, apático e desinteressado. É essa a imagem que é irradiada. Se você quer que esse ambiente mude, que as pessoas comecem a vê-lo com outros olhos, é você quem precisa mudar.

Nesse ponto, o primeiro passo só você será capaz de dar. Ninguém poderá dá-lo por você. Muitos não compreendem isso e acreditam que pedir ajuda é o mesmo que delegar problemas a quem se dispuser a ajudar. É mais ou menos como se você reconhecesse todas essas dificuldades e pedisse para alguém, um amigo ou parente, que lesse este livro em seu lugar e, a partir dessa leitura (alheia!), os seus problemas simplesmente desaparecessem. Isso não faz o menor sentido. No entanto, muitos pensam e agem dessa forma.

São suas ações pessoais, suas atitudes e seus pensamentos que farão a diferença em sua vida. É a partir delas que o novo se descortina. E aqui eu enfatizo a parte mental, que é quando você se empenha em conectar-se profundamente com você mesmo, com o Universo ou com Deus – de acordo com sua crença. Isso fortalece o seu espírito, sua determinação e sua vontade de mudar. Se você cruzar os braços, nada vai acontecer, mas, em contrapartida, se os abrir, no sentido de fazer as coisas, de mudar o seu ambiente, então tudo será possível.

Capítulo 4

O ânimo e sua visão positiva de futuro

Se seu carro não tiver combustível, ele não sai do lugar; da mesma forma, sem energia você terá dificuldades para caminhar. A mesma coisa acontece com seus sonhos: é preciso animá-los, dar vida a eles, para que se realizem.

Quando tem clareza do *lugar em que está* e calcula o quanto falta para chegar aonde quer (em termos do que precisa ser feito ainda), você está pronto para dominar e aplicar o método que o ajudará a realizar todas as etapas desse processo de mudança e construção de uma vida extraordinária.

Vamos falar sobre isso.

Qual a forma mais rápida, eficaz e consistente – economizando tempo, dinheiro e energia – para você sair do ponto A (que é onde está o foco dos seus problemas) e alcançar o ponto B (que é aonde você quer chegar, com condições de realizar os seus sonhos e alcançar os seus objetivos)? Em uma frase: o que você pode fazer para ter sucesso na sua vida? É nisso que consiste o método VERSO (acrônimo para Visão Estratégica, Realização, Sonhos e Objetivos), que vou propor aqui.

A essência do método está no fato de que a construção de uma vida extraordinária, na qual você realiza os seus desejos e sonhos, começa dentro de você – e é essa a chama do ânimo de que falo nesta obra. A base desse processo tem a ver com uma reprogramação mental de pensamentos, emoções e crenças negativas, que permitirá realinhar suas escolhas de acordo com os objetivos que quer alcançar. Se, por um lado, temos o que chamo de inventário do passado (origem e identificação das crenças, do papel dos pais, da escola etc.), por outro, temos o que funciona como uma espécie de alavanca no nosso método, a sua Visão Positiva de Futuro, que é o ponto a partir do qual (ou para o qual) você constrói o itinerário ou a trajetória que irá percorrer. Em síntese, o método VERSO apresenta caminhos para você ter uma vida próspera e feliz – afinal, não basta ser apenas próspero ou abundante; é preciso que você seja feliz, tenha prazer e esteja satisfeito com a vida.

A aplicação inicial do método, dominando suas etapas, já esboça um momento de alento para a pessoa, um sinal de esperança. Digamos que você já identificou seu problema, já compreendeu as razões, as consequências, e já tomou consciência de tudo isso. Agora você precisa sair e abandonar essa situação que lhe dá tanto desprazer. Afinal, não vai ser enfiando a cabeça no passado, se amargurando ou se arrependendo que você vai conseguir sair dela. O que você precisa agora é ter uma visão positiva de futuro. Ou seja, criar uma imagem que o anime e que lhe traga entusiasmo. Por exemplo, imagine alguém com um problema de saúde. A pessoa está sendo tratada, está tomando remédios, mas o processo é lento e se tornará ainda mais se ela ficar se lamentando e se vitimizando, pois, aos poucos, ela irá se *desanimar* (note o sentido da palavra). Veja que ela tem razões para se sentir assim, mas reforçar essas razões só irá prejudicá-la, ou, no mínimo, tornar o tratamento mais longo, talvez até com mais sofrimento.

A primeira coisa que uma pessoa doente precisa fazer para se curar é *se imaginar curada*. Esta é a essência aplicada da visão positiva de futuro. O estado de ânimo está implícito aqui, ele é a mola propulsora da visão. Como eu disse, um dos pressupostos do nosso método é que toda a cura está dentro da pessoa. No caso de uma doença, a analogia é evidente, a pessoa precisa se imaginar saudável, mas podemos ampliar o conceito. De acordo com o nosso método, todas as respostas para os seus problemas estão dentro de você mesmo. Você pode justificar suas dificuldades e eventuais erros em nome da educação que teve, ou em nome dos problemas na família, enfim, se você pensar bem, é possível arranjar culpados para tudo o que dá ou deu errado em sua vida.

O seu objetivo, no entanto, não é arranjar nem descobrir culpados (embora você possa até querer saber quem são eles); o seu objetivo é sair de um ponto e ir em direção a outro. Você precisa se blindar, como se tomasse uma vacina (no caso, o método VERSO) para se imunizar contra o "vírus" das crenças limitantes, peneirando as informações que chegam até você, de tal forma que abra caminhos dentro de você para que o processo de cura aconteça. Se você quer se curar, precisa se imaginar saudável. É claro que você vai seguir o tratamento, seguir as orientações do profissional da saúde, mas é fundamental que tenha uma convicção muito profunda de que quer superar a doença até se curar plenamente.

Mas por que é importante ter ânimo e uma visão positiva?

Se você não tiver uma visão positiva de futuro bem clara, irá abandonar o processo e deixar pelo caminho tudo o que vinha conquistando. Sem uma visão positiva de futuro, a pessoa desiste, desanima-se. Esse é um princípio determinante da neurociência, que tem sido muito estudado e vem sendo cada vez mais fundamentado com pesquisas e estudos na área. Se você tem uma ideia clara formada, com a maior nitidez possível, ela vai acontecer, para o bem ou para o mal. Em minhas palestras, recomendo o seguinte exercício: imagine o que você está querendo e traga isso (esse sonho ou desejo) para o seu momento, para a sua faixa vibracional, para o seu nível de energia atual. Comece então a vivenciar mentalmente isso, como se realmente estivesse acontecendo. Não importa se você está pensando em coisas que vão acontecer daqui a dois, três ou dez anos; o importante é começar a vivenciar isso agora, no presente. Esse é um jeito de materializar um desejo em sua mente, um exercício que dá consistência a sua visão positiva do futuro. Em síntese, viva como se já tivesse o que deseja.

O contraponto de tantos insucessos nesse campo também pode ser explicado por essa ideia. Não é por acaso que uns incríveis números de promessas feitas na virada do ano são infalivelmente abandonados ao longo dele. As pessoas imaginam um oásis, uma empresa perfeita para trabalhar, viagens paradisíacas, um relacionamento maravilhoso (com um príncipe ou uma princesa encantados), mas fazem isso como naqueles filmes ou livros em que um viajante perdido em um deserto encontra uma lâmpada mágica, da qual, com um leve esfregar da manga da camisa, sairá um gênio pronto para atender três desejos. O primeiro deles, invariavelmente, é sair daquele deserto – sem que a pessoa caminhe por ele.

Sair do deserto, do fundo de um poço ou de uma vida cheia de problemas não é algo que se realiza com um simples pedido a um gênio da lâmpada. Você precisa de mais do que isso. Você precisa se conhecer, se disciplinar, se desapegar, vencer seus medos, ter clareza do que quer e decidir. Em suma, você precisa de um método que contemple todas essas etapas. Mas o primeiro passo é este: clareza, para que você possa então criar uma visão positiva de futuro em sua vida.

Conectar os pontos

Steve Jobs, o fundador da Apple, em um discurso que fez aos formandos de Stanford, em 2005, disse o seguinte:

> Você não pode conectar os pontos olhando para a frente; você só pode conectar os pontos olhando para trás. Assim, você precisa *acreditar* que os pontos vão se conectar

de alguma maneira no futuro. Você precisa acreditar em alguma coisa, seja na sua coragem, no seu destino, na sua vida, no seu karma, em qualquer coisa. Esse pensamento nunca me deixou na mão, e fez toda a diferença na minha vida.[4]

Veja o meu caso: eu, Mauricio Souto, sou ortodontista, escritor, palestrante e pai de família. Tudo o que sou hoje se conecta com os pontos do meu passado, desde a minha infância, passando pelos meus estudos, pelas mudanças que fiz, pelas minhas especializações, pelo meu mestrado, pela minha trajetória profissional, tudo, inexoravelmente, culmina no que sou e faço hoje. Se você se olhar hoje no espelho e fizer um balanço da sua vida, procurando saber quem é e o que fez e faz, certamente vai conseguir conectar todos os pontos do seu passado que o trouxeram até os dias de hoje. Você pode não concordar com tudo o que aconteceu e talvez se arrependa de algumas coisas, mas o fato é que você só está onde está porque trilhou justamente os caminhos que escolheu ou foi induzido a escolher no passado. Isso é fácil de constatar e admitir, mas o que é difícil é conectar os pontos no futuro e acreditar que um dia eles se unem, como enfatizou Steve Jobs.

Conectar os pontos do passado e reuni-los no seu futuro é a chave para a definição de um propósito ou para a construção de sua trajetória. Isso implica olhar pelo retrovisor e recuperar todos os eventos que aconteceram em sua vida e ressignificá-los em um novo horizonte. Não dá para apagar o passado da sua vida, você precisa

---

4. CONFIRA frases marcantes de Steve Jobs, fundador da Apple. **G1**, 6 out. 2011. Disponível em: http://g1.globo.com/tecnologia/noticia/2011/10/confira-frases--marcantes-do-co-fundador-da-apple-steve-jobs.html. Acesso em: 20 mar. 2023.

olhá-lo de maneira diferente. Isso acontece com todos nós, o passado está presente em nossos pensamentos e naquilo que somos.

Um episódio interessante da vida do grande pintor holandês Vincent Van Gogh ilustra bem o que estou dizendo. Uma semana depois de pintar o famoso quadro *A noite estrelada*, Van Gogh escreveu para o irmão: "Os ciprestes estão sempre habitando meus pensamentos. Eu gostaria de fazer algo deles como as telas dos girassóis, pois me surpreende que ainda não tenham sido pintados da forma que os vejo".[5] Como atestam vários relatos e biógrafos especializados na vida do artista, é possível afirmar que praticamente tudo o que Van Gogh pintou foi, primeiramente, sonhado. Eram sonhos ou pensamentos, alimentados pelo seu passado e que foram, posteriormente, refletidos nas belíssimas telas que ele pintou. Dizem que, quando questionado sobre como pintava seus quadros, ele costumava responder: "Primeiro eu sonho com a minha pintura, depois eu pinto o meu sonho".

Essa é uma ideia poderosa. De modo quase rotineiro, recomendo às pessoas: visualizem seus sonhos e desejos, e peço que não coloquem limites à imaginação porque ela é ilimitada, o que quer dizer que você pode sonhar e imaginar o que quiser. As limitações são frutos de mensagens preconcebidas, de ideias que nos foram ou são incutidas e que criam obstáculos falsos e fantasiosos em nosso caminho. Há uma célebre frase do físico Albert Einstein que diz: "O conhecimento é limitado, já a imaginação circunda o mundo".[6]

Quando sonhar, dê asas à sua imaginação. Imagine tudo o que quiser, imagine uma vida tão grande quanto for possível. O próximo passo é transformar tudo isso em realidade.

---

5. NAIFEH, S.; SMITH, G. W. **Van Gogh:** The Life. Nova York: Random House, 2011.
6. GASPARINI, C. 10 frases geniais de Albert Einstein sobre inteligência e sucesso. **Exame**, 14 mar. 2017. Disponível em: https://exame.com/carreira/10-frases-geniais-de-albert-einstein-sobre-inteligencia-e-sucesso/. Acesso em: 20 mar. 2023.

Como fazer isso é a questão. É possível, mas não será por meio de uma lâmpada mágica.

O ânimo para a visão

Quando eu estiver falando sobre o nosso método aqui, quase sempre destacarei alguns de seus pontos em detrimento de outros. O que não significa dizer que alguns desses aspectos sejam mais ou menos importantes que outros. Na verdade, todos são essenciais e necessários, embora, em algumas situações, certos pontos possam ser ressaltados em razão do momento ou da necessidade. Por exemplo, você não consegue estabelecer um destino se não criar uma visão de futuro. Isso é essencial para imaginar um horizonte. Porém, se você pensar nisso sem o ânimo necessário, as coisas não vão acontecer, porque o ânimo, assim como a coragem, é também essencial e necessário. Será que algum deles é mais importante do que outro? Certamente, não, todos são fundamentais, mas, dependendo do momento e da necessidade, será preciso enfatizar um ou outro.

Em suma, ter uma visão (destino) é tão importante quanto traçar uma rota para chegar lá. Se você tem a rota, mas não sabe aonde vai, as coisas não acontecem. A recíproca é verdadeira: se você quer alcançar um destino, mas não tem uma rota (estratégia) segura para chegar lá, bem, certamente irá se frustrar. Uma vez que tudo está interligado, uma etapa só fará sentido se uma anterior for percorrida e, assim, sucessivamente. Isso é diferente de esfregar uma lâmpada e esperar que um gênio apareça para resolver os seus problemas. Você, na verdade, é parte da solução, o verdadeiro gênio da lâmpada. E, sem o seu empenho, nada acontece.

Faz algum tempo, uma jovem me procurou para tirar algumas dúvidas, pois estava indecisa sobre qual rumo tomar em sua vida. Ela estava terminando o ensino médio e não tinha noção exata do que iria fazer ou que profissão seguiria. Seus pais e a irmã atuavam na área da saúde, mas ela não tinha intenção de seguir nessa linha. Na verdade, não tinha clareza de nada, estava, de fato, perdida nesse aspecto. Perguntei-lhe, então, o que estava pensando, se tinha pelo menos alguma ideia do que queria, algo que tivesse a ver com um desejo ou uma vocação, e ela me disse claramente que não sabia. Nesse caso, fica difícil construir uma visão de futuro. Se ela não sabe o que quer, não sabe aonde ir, como vai chegar lá? É bom lembrar que a visão de futuro não é, necessariamente, definitiva. Ela pode ser um desejo ou uma meta pontual, mas para que funcione, para que você a realize, será necessário mentalizar esse sonho e ter uma atitude compatível com aquele desejo. Empenho, dedicação, alegria e ânimo, tudo isso é importante. Mas, se você não sabe *o que* desejar, como construirá essa visão? Como vai se animar e se preparar?

É claro que nesse caso podemos dar um desconto, pois trata-va-se de uma garota que estava começando uma nova vida, em processo de autoconhecimento, assim, sua indecisão é, de certa forma, compreensível. No entanto, logo ela seria obrigada a fazer escolhas, e, para ter sucesso, essas escolhas terão de ser compatíveis com seu propósito, esforço e determinação, tão logo ela estabeleça sua visão positiva de futuro – e não a de seus pais, por exemplo. Ou seja, tão logo ela tenha claro o que quer fazer na vida.

Em outra situação, relato aqui o caso do meu filho Matheus, que optou por estudar odontologia e passou pelo mesmo processo de terminar o ensino médio e ter de fazer uma escolha. O primeiro ponto é que ele tinha clareza do que queria e isso faz toda a diferença. Eu disse a ele: "Se você quer seguir odontologia, estudar em uma universidade federal, comece a imaginar que já passou no vestibular, com seus amigos e familiares cumprimentando você, recebendo também os cumprimentos de seus ex-professores, imagine-se na faculdade, o horário das aulas, enfim, tenha na mente o cenário mais completo possível". Claro que ele tinha que fazer a parte dele, que era estudar muito e com metas, mas era essencial saber o que queria e ter essa visão. E assim ele fez, imaginou todo dia o que estava buscando, e com muito esforço e dedicação chegou lá: passou no seu primeiro vestibular e entrou na universidade federal que desejava.

Nesse exemplo, você observa que Matheus estabeleceu um cenário futuro (sua visão) a partir do desejo que tinha, e, como se diz popularmente, "foi à luta", estudando, se preparando e imaginando de maneira disciplinada as coisas acontecendo no seu futuro, o que foi fundamental para seu êxito.

Há mais um caso também muito interessante. Outra jovem confidenciou-me que queria prestar vestibular para Medicina, uma área bem difícil e muito concorrida. A opção dela tinha a ver com a família: os pais e o irmão eram médicos, de modo que ela acabou optando por seguir a mesma carreira deles. Só que ela não conseguia ser aprovada. Já havia tentado em várias universidades e faculdades, mas não conseguia entrar, o que a deixava bastante angustiada. Então perguntei a ela: "Você já se imaginou aprovada no vestibular? Já se viu cursando a faculdade?". Ela me disse que não, que nunca tinha pensado daquele jeito. Como eu sabia que ela era uma pessoa inteligente, que estudava, sugeri que, a partir daquele momento, começasse a se imaginar como se já estivesse aprovada, com as pessoas cumprimentando-a, como se realmente ela já tivesse passado. Era absolutamente importante que ela vivenciasse aquela experiência, ainda que de forma mental.

De acordo com a neurociência, e considerando a técnica de autoconhecimento, primeiro a pessoa precisa sentir que ela é capaz de fazer aquilo. Ou seja, você precisa primeiro sentir que é, sentir a pessoa que você quer ser, para poder *fazer* o que precisa ser feito e "então" conquistar o que você quer *ter*. Sonho grande, esforço grande, como eu digo. Uns seis meses depois, encontrei-a e ela veio me agradecer dizendo que havia passado finalmente em Medicina em três universidades. Sem dúvida, a visão positiva de futuro funcionou muito bem para ela, animando-a a ponto de desbloquear aquele obstáculo, e permitindo que ela conseguisse enfim passar nos exames.

Se você não se vê no estado imaginado, nunca conquistará o que quer.

Mas atenção: se você tem um sonho grande, uma visão gigantesca, prepare-se bem para conquistar esse sonho. O seu esforço implicará o estabelecimento de metas, em várias etapas, para que, aos poucos, você vá construindo o seu sonho. Sempre digo que a preparação deve ser maior do que a vontade de vencer.

A realização de um sonho ou desejo, embora possa parecer, não acontece em um passe de mágica. São construções, coisas que fazemos e que acontecem como resultado de nossas ações. O segredo está, entre tantos outros aspectos, nisto: as metas realizam a visão. O que, em outras palavras, podemos dizer assim: são as suas atitudes, com disciplina, que vão realizar o seu sonho. Se as metas e atitudes (que se referem àqueles *pontos conectados* que mencionamos) não estiverem atreladas aos sonhos, você será apenas um sonhador, alguém com uma visão romântica da vida.

Se a visão é grandiosa, você precisa estabelecer metas menores, micrometas, com pequenos passos diários, pequenos progressos, para conseguir dar o grande salto e chegar lá. No início, esse processo costuma ser um pouco doloroso, afinal, você está mudando comportamentos e hábitos que estão arraigados, mas, aos poucos, e em face dos benefícios, você começará a construir novas maneiras de ver e fazer as coisas, com novos hábitos mais adequados ao seu propósito. Nesse ponto, você corta as raízes com o seu passado e passa a viver uma nova vida.

Vale aqui mencionar Jeremy Dean, autor do livro *Making Habits, Breaking Habits*, que menciona um estudo realizado em 2009 por pesquisadores do University College London,[7] que buscava saber quanto tempo leva para um novo hábito se estabelecer como tal ou em que momento um comportamento entra no ponto de "automaticidade", como dizem os pesquisadores, e se torna um costume arraigado na vida da pessoa. Foram reunidos 96 participantes para o estudo, aos quais foi pedido que escolhessem uma ação que deveria ser praticada todo dia. As atividades escolhidas eram bastante variadas e incluíam, por exemplo, ler 30 minutos todos os dias, correr 25 minutos pela manhã, beber mais água por dia, comer frutas diariamente ou se abster de algum vício (bebida ou cigarro) por determinado período. De acordo com os pesquisadores, o tempo médio para que um hábito fosse adquirido foi de 66 dias, dependendo da dificuldade da meta estabelecida. Mas houve casos em que o hábito só se estabeleceu após 254 dias, tanto por conta do eventual nível de dificuldade de desenvolver o hábito quanto da disposição da pessoa para mudanças.

De maneira geral, podemos dizer que precisamos de pelo menos 66 dias, ou pouco mais de dois meses, para transformar uma atividade em algo automático, simplesmente fazendo com frequência, e de modo disciplinado, uma mesma ação. Assim, abrir mão do passado e começar a construir o futuro é possível e está ao seu alcance.

Eddie Cantor, um compositor norte-americano, disse esta frase que ilustra com perfeição isso que estou afirmando: "Levei vinte anos para fazer sucesso da noite para o dia". Para quem nos acompanha

---

7. DEAN, Jeremy. **Making Habits, Breaking Habits:** Why We Do Things, Why We Don't, and How to Make Any Change Stick. New York: Hachette Books, 2013.

à distância, as coisas parecem acontecer sob um passe de magia, de uma hora para outra, como se esfregássemos uma lâmpada mágica. Mas o fato é que o sucesso e a vida extraordinária que buscamos acontecem aos poucos, todos os dias, a partir do momento que nos damos conta de que precisamos ter o nosso destino nas mãos.

Para que o êxito seja completo, todo esse processo deverá ser temperado com ânimo, a energia que faz as coisas acontecerem.

Visão e atitudes em direção ao futuro

Um aspecto complementar a ser considerado são as atitudes. Para que o processo de mudança aconteça, é preciso ter atitude. Esse é o ponto crucial e está relacionado a ter disposição e determinação, o que nem sempre é fácil. Tomar atitudes exige crença, ânimo, foco e determinação. Como acontece com qualquer um, tendemos a acreditar muito mais naquilo que se apresenta a nós de modo palpável e concreto. Se você consegue tocar ou ver determinado objetivo, é muito mais fácil reconhecer sua existência. O difícil é acreditar nas coisas que ainda não se materializaram. Por exemplo, acreditar que seus sonhos poderão se realizar um dia. Veja, isso é completamente diferente. Quando você se dá conta disso, começa a trabalhar de verdade por algo que está apenas na sua imaginação. Por incrível que pareça, são essas coisas que, de fato, acontecem em sua vida.

O meu ponto é que, se você se imaginar *capaz* (o adjetivo aqui não é gratuito!) de realizar o seu sonho, *capaz* de se preparar e construir esse sonho, sem dúvida alguma você vai concretizá-lo. Se você quer ser um autor best-seller, um executivo de sucesso ou empreender uma ideia e conquistar o mundo é preciso ter convicção de que você será *capaz* de fazer isso. Sentir-se capaz é sentir-se animado!

Você sonha, você realiza. É a ordem das coisas.

Eu acredito em você. E você, acredita em si mesmo?

Se você se imagina voando de jatinho particular pelo mundo, ou abrindo uma grande empresa para um negócio espetacular que quer fazer, tem que estar disposto a pagar o preço. Será necessário muita criatividade, estudo, pesquisa, disciplina e imaginação. Os pontos (etapas de preparação) têm de ser compatíveis com o empreendimento, pois um grande sonho exige muita dedicação. Minha dica é: não se contente com apenas aquilo que você tem certeza de que vai conseguir. Dê um passo maior, desafie-se, crie metas que ultrapassem os limites do palpável e do visível.

Sonhar grande dá certo quando suas ações são compatíveis com esse sonho.

Quando você tem paixão (ânimo) e quer conquistar o mundo, você se doa, veste a camisa e vai à luta. Eu afirmo que se você age assim, já está quase lá!

O estado de consciência e a mudança de rota

Sempre que você cria uma visão positiva de futuro é essencial fazer isso com um sentimento de alegria e felicidade – que é o que eu chamo de ânimo. Existe uma explicação científica para isso. Quando você visualiza esse futuro, a orientação e as ações necessárias para alcançá-lo são estabelecidas. Quando você faz isso com alegria, o seu cérebro produz certas substâncias (dopamina, serotonina, oxitocina e endorfinas, os chamados neurotransmissores da felicidade) que retroalimentam o seu propósito, criando assim um círculo virtuoso. Com isso, forma-se uma ligação poderosa entre visão e meta, ação e disciplina, e entre o propósito e realização. É nesse momento que o Universo costuma conspirar a seu favor.

Isso não quer dizer, porém, que não vão ocorrer momentos de tristeza ou de decepções. Eles são parte da vida. Mas esses sentimentos não podem tomar conta de sua trajetória. Se você está triste, tente sair o mais rápido possível desse estado, porque ele certamente influirá na sua realização.

Um exemplo pessoal ilustra o estado de consciência e como você poderá usá-lo a seu favor. Eu já tinha alguns anos de exercício da odontologia e dois filhos pequenos, e fui a Porto Alegre (RS) para fazer um curso de atualização. Em um sábado, no final do curso, um primo me convidou para conhecer o aeroporto local. Para quem é do interior, conhecer aeroporto de cidade grande é roteiro primordial. Pois bem, estávamos no segundo pavimento do aeroporto, olhando com admiração o movimento dos aviões, quando de repente vi uma daquelas aeronaves gigantescas e me admirei bastante de vê-la tão próxima a mim. Foi quando meu primo olhou para mim e disse: "Esse avião grande está indo para a Disneylândia. Está lotado de crianças e adolescentes". Foi uma frase absolutamente banal, um mero comentário informativo, mas que, no mesmo instante, provocou em mim uma crise de estado de consciência. Aqueles momentos em que uma combinação de ideias, pensamentos e lembranças entram em choque.

Eu fiquei olhando aquele avião imenso e pensei em minha família, em meus pais que, por serem de origem humilde, nunca tiveram recursos para pensar em uma viagem assim, e aquele pensamento, diante daquela imagem, fez com que uma ficha "caísse" na minha cabeça, como se diz popularmente. Eu senti uma coisa estranha, um desconforto enorme, uma crise mesmo, e me perguntei naquele instante o que, afinal, eu estava querendo da minha vida. Você já sentiu algo parecido? Quais eram os meus sonhos, quais eram os sonhos que eu queria realizar para mim e para meus filhos, que ainda eram pequenos? E o que eu estava fazendo para que aquilo acontecesse?

Veja, eu tinha uma vida tranquila, mas que não me proporcionava a satisfação que eu buscava e, se continuasse daquele jeito, eu dificilmente conseguiria realizar as coisas que mais queria – o que talvez incluísse, por exemplo, levar meus filhos para um passeio na Disney. Refleti sobre o sentido que estava dando a minha vida, sobre o que estava buscando e o que estava obtendo. Aquele avião, de alguma forma, era uma metáfora do que acontecia comigo: eu estava fora dele; a minha vida estava fora de um horizonte pleno de realização. Até então, eu culpava o governo pelos meus problemas, culpava o prefeito da minha cidade, culpava Deus e alguns amigos, como se eles fossem os responsáveis pela vida que eu tinha naquela época. Foi nesse instante que eu me dei conta de que tudo na verdade estava dentro de mim. Todas as perguntas e respostas, tanto os problemas como as soluções.

A partir daquele momento, toda a minha vida mudou. Eu comecei a ler muito mais, a estudar, mudei a minha maneira de pensar, tomei a decisão de ir para São Paulo para me especializar e fazer o meu mestrado (durante cinco anos, eu ia e voltava de ônibus, uma vez por semana, para conseguir fazer esses cursos). Enfim, tudo mudou. Eu passei a controlar melhor minhas emoções, comecei a ter emoções diferentes, deixei de me fazer de vítima, parei de reclamar e, com isso, eu me valorizei muito.

Mas, afinal, o que eu queria? De maneira bem simples, era apenas isto: fazer diferente e melhor aquilo que eu já fazia. A minha visão positiva de futuro era ser um dos melhores profissionais da minha área de atuação nas localidades onde atuava. E eu consegui realizar esse sonho. Prova disso é o reconhecimento que tive nas cidades onde atuo e na minha região com os prêmios que recebi, tanto no Brasil como no exterior, pela forma humanizada como trato meus clientes.

Essas conquistas me ajudaram a mudar o patamar da minha trajetória e me aproximaram muito de realizar tudo o que sempre quis e sonhei.

Se eu não tivesse visto aquele avião, possivelmente não estaria escrevendo este livro e relatando essas experiências. Será que foi o destino ou algum milagre?

Hoje tenho a convicção de que nada na nossa vida acontece por acaso. Conhecer pessoas, lugares, passar por determinadas situações, tudo está de alguma forma interligado. O Universo se manifesta e precisamos estar atentos a esses sinais. Estar em estado de consciência plena me fez ver exatamente onde estava (o ponto A) e aonde queria ir (o ponto B), o que me ajudou estabelecer uma visão positiva de futuro e me animou na construção desse caminho.

Costumo dizer que o Universo, além de maravilhoso, é muito generoso com a gente, mas ele não é loteria nem obra do acaso. O Universo não dirá o que você quer ouvir, mas responder àquilo que você perguntar.

Há uma frase do escritor Napoleon Hill que ilustra muito bem todo esse movimento: "O volume daquilo que a pessoa conquista depende da mente que elaborou o pensamento".[8] Isso tem muito a ver com sonhar grande ou sonhar pequeno. Muitos amigos me perguntam por que não me tornei multimilionário. Se eu quisesse, seria uma alternativa, mas a minha busca não foi pelo dinheiro e sim pela realização profissional. Naquele momento, a minha visão era outra, e, na verdade, eu não sabia que poderia sonhar tão alto e realizar o que imaginava, pois havia muitas crenças em minha mente. Houve uma época da minha vida em que tive vontade de ter uma chácara, que de fato eu comprei e tenho até hoje, mas eu poderia ter tido uma fazenda ou imaginado algo muito maior, porque minha mente teria trabalhado para isso. Ou seja, o empenho

---

8. HILL, N. **Quem pensa enriquece**. São Paulo: Fundamento, 2011, p. 70.

e esforço sempre serão compatíveis com aquilo que você *realmente* quer ou deseja. Quando digo *realmente,* me refiro às coisas que você acredita ser capaz de fazer ou alcançar. Tenha uma imagem clara do que você quer, "porque todo aquele que pede, recebe; quem busca, acha" (Mateus, 7:8). Então, devemos cuidar do que pedimos ao Universo.

Imaginar que amanhã você vai morar em uma ilha paradisíaca ou que vai comprar uma mansão em Hollywood é possível, mas você está disposto a trabalhar e a construir esse sonho?

É importante refletir sobre isso. De modo geral, as pessoas sonham ou desejam coisas nas quais elas não estão nem um pouco dispostas a investir tempo, esforço, estudo e disciplina. Esse é um modo não só de pensar, mas também de viver. Se você não associar determinação e disciplina ao seu propósito e à sua visão positiva de futuro as coisas não acontecem. Você não só pode como tem o direito de desejar e de obter o que quiser da vida, mas, para isso, terá de pagar o preço equivalente em trabalho, sacrifício e esforço inteligente – que consiste na disposição de sempre estar aprendendo alguma coisa e em ter uma disciplina mental de visualizar todos os dias a realização desse sonho. Se você quer correr 1 quilômetro, sua preparação vai ser de um jeito. Se a ideia é correr a maratona de Nova Iorque, você vai ter de se preparar melhor, levando em consideração muita dedicação e treino.

Bem, quanto você quer correr?

Você vai precisar planejar esse percurso e, certamente, vai querer um método seguro que o ajude a alcançar a linha de chegada dessa jornada.

Acredito que posso lhe oferecer um meio consistente para você pôr em prática seus sonhos e desejos, com metas e objetivos factíveis. Como apresentado anteriormente, trata-se do método VERSO – Visão Estratégica para a Realização de Sonhos e Objetivos, que você irá conhecer em profundidade nos próximos capítulos.

Capítulo 5

O autoconhecimento e o método VERSO

Construa sua visão positiva de futuro a partir de um profundo mergulho em si mesmo, adquirindo novos hábitos e entendendo o passo a passo de como ter uma vida extraordinária.

Chegamos agora à fase essencial do processo de viver uma vida extraordinária. É hora de pôr em prática os conceitos e sugestões de que falamos até aqui fazendo uso do método VERSO.

Como você já deve ter observado, nos dias de hoje, praticamente tudo precisa de um método para funcionar. Trata-se de estabelecer um passo a passo, com diferentes etapas, de como as coisas vão acontecer. É inimaginável pensarmos em um grande empreendimento, seja de negócios ou de entretenimento, sem um método. Da mesma maneira, e justamente pela eficácia de tais procedimentos, qualquer projeto, mudança ou grande objetivo, seja em escala empresarial ou individual, pressupõe um método para dar certo. Portanto, isso não é exatamente uma novidade. Todos os grandes empreendimentos do passado, pense nos estúdios de cinema de Hollywood, por exemplo, nas grandes ações humanitárias, nos lançamentos de automóveis, enfim, tudo sempre foi pensado de acordo com um plano. A novidade hoje é que, finalmente, as pessoas se renderam à eficácia de tais métodos e perceberam que, se puderem organizar suas ações em prol de algum objetivo, a chance de realizarem seus sonhos ou projetos aumenta drasticamente quando põem em prática alguns roteiros de como fazer as coisas.

O método VERSO, que passamos a apresentar, é composto por cinco passos essenciais, que serão detalhados nos próximos capítulos. Os passos são os seguintes:

- Autoconhecimento
- Autodisciplina

- Confiança
- Visão de futuro positiva/Compromisso pessoal
- Liberdade e atitude

O primeiro passo, que versa sobre *autoconhecimento*, se divide em seis etapas, que são:

1. Quem é você?
2. Desapegue-se.
3. Liberte-se.
4. Compreenda e vença os seus medos.
5. Tenha clareza sobre o que quer.
6. Decida.

Etapa 1: quem é você

Aqui começamos a falar sobre autoconhecimento. Esse é um aspecto-chave do processo e onde tudo começa. De modo geral, quando perguntadas sobre quem são, as pessoas tendem a dizer seus nomes, onde moram, o que fazem, quem são seus pais, quantos anos têm etc. Claro que são informações que dizem respeito a elas, mas isso não diz exatamente *quem elas são*. Quando você diz seu nome, idade, endereço, se é solteiro ou casado, ou quando disponibiliza qualquer outro dado como esse, você não revela sua essência, seus sentimentos e seus sonhos. Dados como nome, idade, profissão ou endereço são informações cadastrais, que qualificam uma pessoa enquanto consumidora ou cidadã e não enquanto ser humano, no sentido de suas aspirações e de sua vida.

O que você deve buscar por meio do autoconhecimento é saber exatamente *quem você é* e *o que deseja*, e isso do modo mais abrangente possível, na perspectiva de seus anseios, de seu sentimento em relação ao momento presente, considerando o que se passa hoje com você, quão satisfeito ou insatisfeito se sente em relação à vida que tem e ao que você faz (trabalho, relacionamentos, família). Já falamos um pouco sobre isso, mas é importante retomar esse ponto para fixarmos sua importância no processo.

Como partida, avalie estes dois aspectos:

1. Quais ações ou posturas têm trazido bons resultados para a sua vida e quais ações ou posturas têm lhe deixado frustrado? (Seja o mais abrangente possível.)
2. O que você tem feito de positivo e o que pode ser descartado ou deixado para trás?

Para cada aspecto que você listar aqui, considere as emoções que se associam, de maneira que você possa avaliar se o saldo entre o que traz resultados e o que não traz e deve ser descartado é positivo ou não; se o que você está fazendo o está aproximando ou afastando do seu sonho.

Seguindo essa linha, considere as atitudes e comportamentos que tais atividades ou pessoas têm suscitado, de modo que fique claro se você se sente bem em relação a elas ou não. Inclua na análise todos os aspectos de sua vida: trabalho, situação financeira (salário, investimentos), relacionamentos, aspectos materiais (carro, casa), saúde, vida familiar, desenvolvimento intelectual, entre outros.

Existem algumas ferramentas que podem ajudar você a fazer isso. Uma das mais conhecidas e eficazes é a chamada Roda da Vida, um instrumento desenhado para dar a você a possibilidade de analisar e refletir sobre áreas fundamentais de sua vida e de seu comportamento. Imagine um círculo fatiado, basicamente, em dez partes, cada parte representando uma área de sua vida. Cada área será avaliada em uma escala que vai de zero a dez, sendo que zero indica que você está totalmente insatisfeito e dez, que você está completamente satisfeito e realizado. Cada área (parte ou fatia do círculo) vai dar a você, de forma isolada, uma posição, conforme a pontuação que der a ela. Digamos que, na fatia "financeiro", você se sinta estável, não tenha dívidas, consiga pagar suas contas em dia, de maneira que você se sinta confortável em atribuir uma nota oito a essa área. Uma nota, aliás, relativamente alta. Isso é bom, mas não é tudo. E aqui vem o segredo da roda: o ideal é que todas as suas notas ou avaliações tenham uma medida aproximada, ou uma avaliação bem próxima ao equilíbrio da roda, de modo que quando ela girar, *se ela girar*, você tenha realmente a sensação de que todas as coisas, partes ou fatias, fluam sem sobressaltos.

Imagine que, na avaliação da área "relacionamento", você tenha uma série de problemas, viva uma relação desgastada, sua companheira ou companheiro sinta muito ciúmes e tenha possessividade, enfim, você não esteja nada bem nesse campo. Então, na sua percepção, você atribui uma nota dois – bem próximo do centro da roda, portanto, uma avaliação ruim. Isoladamente você já percebe que esse é um ponto que precisa de sua atenção. Porém, na vida as coisas não acontecem de modo isolado. Se uma das partes ou fatias não está no mesmo nível das demais, a roda, como um todo, não vai girar; ela se parecerá com uma estrela-do-mar, cheia de pontas e, nesse caso, não será possível fazê-la rodar. Isso significa que sua vida está em desequilíbrio. Se você tem um bom emprego, com um bom salário, mas, quando chega em casa, tudo o que quer é ficar longe de todos, certamente sua vida não vai nada bem – e isso, cedo ou tarde, vai se refletir no equilíbrio geral de sua jornada.

Veja a figura a seguir e use-a como referência para construir sua própria Roda da Vida.

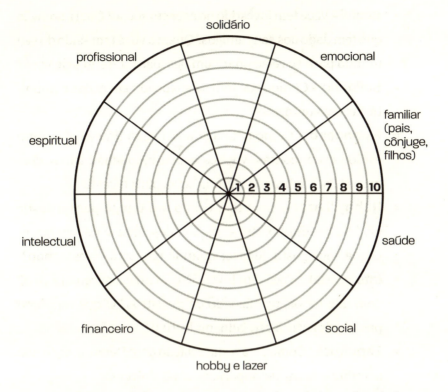

Aqui vão as definições mais gerais dos tópicos abordados na Roda da Vida do Método VERSO. Leia com atenção e tente se localizar em cada um deles.

- **Emocional** – Considero-o um dos pilares mais importantes, pois ele é responsável por 80% do nosso sucesso. Como está o seu equilíbrio emocional? Como você está reagindo às coisas que lhe acontecem? Está se sentindo bem, em uma situação de plenitude e felicidade?
- **Familiar** – Como estão os seus relacionamentos familiares, sua relação com seus pais, cônjuge e filhos? São relações amorosas ou frias?
- **Saúde** – Como está sua saúde? O que você tem feito para sentir-se saudável? Tem cuidado de si mesmo?

- **Social** – Você tem investido no aspecto social? Qual a atenção que tem dado aos seus amigos? Quanto você tem saído do seu mundo para se relacionar com pessoas diferentes de você?
- **Solidário** – Como você tem se envolvido em ações comunitárias e voluntárias?
- **Financeiro** – Como está a sua situação financeira, como estão as suas contas? Você está anotando seus gastos e despesas? Está sobrando alguma coisa para investir?
- **Hobby/Lazer** – Você tem tirado um tempo para investir no ócio produtivo, isto é, no seu descanso e no seu lazer? O que você gosta de fazer quando não está trabalhando?
- **Intelectual** – Você tem investido em novas aprendizagens? Tem lido livros, participado de palestras? O que tem feito para aprimorar o seu lado intelectual?
- **Espiritual** – Como está a sua relação com Deus ou, caso não acredite em um ser superior, com o Universo?
- **Profissional** – Como você está se sentindo profissionalmente? Como está a sua carreira, seus negócios, o que pensa realizar nessa área?

Para que você entenda melhor como funciona a Roda da Vida, vou propor a você um exercício. Leia o texto a seguir ("Exercício para meditação") e, depois, com os olhos fechados, imagine cada "raio" da roda como um setor da sua vida. Escreva suas respostas em uma folha de papel e então atribua uma nota a cada um dos setores. Faça esse exercício periodicamente e observe os resultados. Você vai perceber que tudo o que é avaliado e analisado tende a melhorar. Isso acontece porque você está tomando consciência da situação e trabalhando para mudá-la, adaptá-la ou melhorá-la.

A primeira coisa a fazer antes de tomar qualquer iniciativa é avaliar, de maneira consciente, como você está vivendo a sua vida. Não importa como você a viveu até hoje. O importante é focar em seu estado atual, avaliando-se a partir de questões como estas:

- Você está feliz?
- Está fazendo o que gosta?
- Está vivendo um relacionamento prazeroso, em que existe companheirismo e cumplicidade?
- Está no seu peso ideal? Sente-se saudável?
- Como está a sua vida financeira?
- Como estão as suas amizades?
- Você está morando no local que sonhou?
- Você se sente realizado profissionalmente?
- A sua empresa está no patamar que você desejou?
- Como se sente espiritualmente?

Para responder com segurança a essas questões, é necessário investir no seu autoconhecimento. Você deve começar a fazer uma viagem para dentro de si. Talvez esta seja a viagem mais difícil de fazer, mas não se preocupe se você não souber por onde começar. Vamos fazer juntos essa jornada em busca de autoconhecimento.

Vamos lá?

EXERCÍCIO PARA MEDITAÇÃO

Sente-se em uma cadeira confortável e sinta a sua respiração... Respire, inspire, puxe o ar pelo abdômen (respiração diafragmática), sinta o seu abdômen inflar – segure o ar... e expire. Faça isso em uma proporção de 1x4x2. Por exemplo, você inspira profundamente, puxando o ar, conta até quatro, mantém o ar, contando até 16, e depois expira, contando até oito. Agora, aquiete sua mente. Relaxe... Sinta sua respiração. Deixe sua mente vazia. É necessário criar espaços vazios para que o novo se manifeste. Insights começarão a surgir, imagens aparecerão. Não se preocupe se você tiver pensamentos vagos pela sua mente. É assim mesmo. É preciso treino e prática até pegar o hábito de relaxar e meditar. Agora que você está calmo, imagine seu pé esquerdo relaxado, concentre sua atenção no seu pé esquerdo, no seu tornozelo, agora concentre-se na panturrilha, no seu joelho, na sua coxa, sinta-a relaxada e, assim, vá subindo até relaxar todo o seu corpo, ora um membro do lado esquerdo, ora outro membro do lado direito... ombros, peito, pescoço, cabeça, até chegar ao couro cabeludo.

Nesse estado de relaxamento, comece a imaginar como está sua vida hoje, como você tem vivido, como está sua relação com Deus ou com o Universo. Você tem sido grato pelas coisas que acontecem na sua vida? Ou você só tem reclamado, acreditando que tem sido injustiçado, que Deus abençoou outras pessoas, que você foi esquecido ou colocado em segundo plano e que não é especial? Tome consciência de como você tem agido nesse sentido. Você se sente vítima dos acontecimentos ou é um provocador, um protagonista da sua história?

Agora vamos para outro ponto importante da sua vida, que é sua relação com seus pais. Eles estão vivos? Em caso positivo, quando foi a última vez que você lhes deu um abraço ou ligou para eles dizendo que os ama muito? Como está essa relação? É fria e distante ou é uma relação próxima e afetuosa? Você tem estado atento às necessidades e dificuldades que os seus pais podem estar enfrentando em função da idade deles? Pense nisso.

Também é importante analisar como está a sua vida conjugal, no caso de ser casado ou de estar morando com alguém. A relação tem sido agradável? Existe demonstração de afeto e carinho? Existem respeito, cumplicidade, companheirismo? Como está a questão sexual? Realizam sexo intenso ou isso já caiu na rotina? Ao sair ou chegar em casa, na volta do trabalho ou da faculdade, por exemplo, você dá um beijo carinhoso no seu amor ou naquele que deveria ser o seu amor? Ou você sai com um sentimento de animosidade, com mágoas e rancores, acreditando ser um "peso" por estar dividindo o mesmo teto com alguém por quem não sente mais nada?

Se você tem filhos, como é sua relação com eles? É uma relação amigável, onde existe troca de afeto, confidências, conversas ao pé do ouvido ou você mal cumprimenta os seus filhos? Você tem demonstrado amor e carinho pelos seus filhos? Eles sabem que podem contar com você a qualquer momento? Você tira um tempo para "estar" com eles ou somente se dirige a eles para criticá-los ou chamar-lhes a atenção? Você tem o hábito de elogiá-los, por menor que seja a ação positiva que fizeram?

Filhos são o bem mais precioso que nós temos e, por isso, precisamos valorizá-los. Não existem filhos mal-educados. Existem pais desorientados que não souberam passar valores para seus filhos. Eles seguem o nosso exemplo. Pode acreditar nisso. Eles são, em muitos aspectos, a nossa cópia e agem da mesma forma como nós agimos e encaramos as circunstâncias da vida. Que valores você está passando para eles? Você é um pai ou uma mãe presente ou omisso/a? Ainda há tempo de mudar. Largue tudo o que estiver fazendo e vá ao encontro dos seus filhos. Dê-lhes um afetuoso abraço. Se estão longe, faça uma ligação, uma chamada por vídeo, fale com eles. Diga-lhes que eles são muito importantes para você.

Demonstre o seu amor. Agora! Não espere mais para dizer que está com saudades, que você quer a felicidade deles. Diga isto!

Como está a sua vida social, como estão os seus relacionamentos? Você tem interagido com seus amigos, com a sociedade ao seu redor? Pesquisas indicam que as pessoas que sabem se relacionar têm maior probabilidade de obter sucesso. Muitos resultados positivos em sua vida devem-se à inteligência emocional e relacional e à forma como você se relaciona com as pessoas e com o mundo.

Saúde! Ah, como está essa área da sua vida? Você está vivendo em um corpo saudável ou está a todo momento reclamando de dores, de mal-estares? Você está satisfeito com o seu corpo? Somos seres espirituais, temos um intelecto e vivemos em um corpo físico. Precisamos cuidar do nosso corpo. Ele é o templo de Deus. Estamos neste mundo para levar uma vida saudável e de bem-estar.

Como está sua dedicação para ajudar pessoas e instituições de caridade? Na correria do dia a dia, você tem tirado um tempo para se dedicar a ajudar alguém ou uma instituição de caridade? Nenhum de nós é tão pobre que não possa ajudar quem mais precisa, seja com recursos financeiros ou com uma demonstração de solidariedade, com uma visita ou destinando tempo para se envolver em trabalhos comunitários. Pesquisas indicam que pessoas que realizam trabalhos voluntários têm o mesmo benefício, em termos de longevidade, que pessoas que praticam atividades físicas regulares ou têm alimentação balanceada. Além do que, há um princípio que diz que quanto mais crescemos, mais devemos ajudar ou contribuir.

Você está se sentindo estagnado, com a sensação de que o tempo parou? Há quanto tempo você não aprende nada novo? Dedicou algum tempo para fazer um curso ou ler um livro? Os analfabetos dos dias de hoje não são mais os que não sabem ler e escrever, mas os que não estão dispostos a aprender algo novo. Somos máquinas de aprender e precisamos aprender sempre, todos os dias. Expanda a sua mente. Einstein já disse: "Uma vez que o cérebro se expande, ele não volta mais ao seu normal". Invista em você, faça cursos, participe de uma palestra, leia livros. Você verá que os resultados que está obtendo na vida começarão a mudar, serão diferentes, serão melhores.

Pare um minuto, pense em como estão os resultados que está obtendo na sua vida profissional. Você não trabalha fora? Tudo bem. Você optou por ficar em casa, cuidar dos afazeres domésticos, dedicar sua atenção aos filhos e esposo ou vice-versa? Atualmente, muitos homens dedicam-se à casa, enquanto a mulher trabalha fora. Como está o seu grau de satisfação no trabalho que faz, na empresa ou no meio corporativo? O que você tem feito para progredir nesse aspecto da sua vida? Quando foi a última vez que você teve humildade para aprender algo novo ou para buscar ajuda com quem possui mais conhecimento do que você? Há quanto tempo você continua fazendo as mesmas coisas e do mesmo jeito? Será que essa é a única maneira de fazê-las? Caso os resultados não sejam favoráveis, sugiro a você analisar com cuidado esse lado da sua vida.

Tem investido no seu hobby, no seu lazer? Descansar é tão importante quanto trabalhar. Você renova energias, abre espaço para o novo, descarrega tensões. Viva com intensidade inclusive esses momentos. Como você está se sentindo nesse exato momento, depois deste exercício? Talvez você esteja com uma profunda sensação de bem-estar ou, quem sabe, esteja se sentindo ansioso, com um aperto no coração e com aquela impressão de que a vida está passando sem deixar em você a sensação de felicidade e satisfação.

Saiba que a maneira como se sente determina os seus resultados na vida. Sentir-se bem é primordial para viver mais e melhor.

No momento em que você tomar uma decisão e cortar as cordas com o passado, você estará pronto para voar.

Como você deve ter percebido, esse é um exercício necessário para saber como está sua vida. Você precisa reservar um tempo para fazer essa análise calmamente, avaliar cada área em sua vida, atribuir uma nota de zero a dez a cada pilar, para que possa ter uma visão clara e bem realista de como você está e de quem você é – e, também, quais são os seus problemas. Afinal, se você não souber quais são eles, como poderá consertá-los?

Como mencionei anteriormente, o autoconhecimento é uma das formas mais antigas que o ser humano tem para se desenvolver. Você precisa primeiro identificar, dentro de você, o que está errado ou o que não está funcionando, para depois fazer a correção necessária, inserindo em sua mente imagens e pensamentos positivos e substituindo as emoções negativas por emoções positivas.

Como disse no capítulo anterior (no exemplo da moça que queria prestar vestibular para medicina), você precisa primeiramente ter o sentimento do que quer ser, do que deseja. Se você quer ser uma pessoa próspera, precisa primeiro se sentir assim para que esse estado se manifeste fora de você, no exterior. Para manifestar saúde, você precisa se sentir saudável, e não o contrário. O movimento é sempre de dentro para fora.

O primeiro ponto, portanto, é *sentir*; o segundo é *fazer*; e o terceiro é *ter*, sempre nessa ordem. Como você pode observar, isso é bem lógico e até meio óbvio. No entanto, a maioria das pessoas não pensa assim. Muitos acreditam que primeiro vem o *ter* e só depois o *sentir*. É o caso daqueles que pautam sua vida pelo exterior, que buscam status, adquirindo coisas materiais que, supostamente, darão a eles uma condição especial em sua existência. Com frequência vejo pessoas se endividando para ter um carro luxuoso, comprando roupas de marca, construindo uma casa totalmente desproporcional às suas necessidades, fazendo viagens caras pelo mundo, tudo para impressionar outras pessoas, amigos, vizinhos ou colegas de trabalho, acreditando que o externo irá mudar o seu lado interno.

Para sentir, você precisa fazer uma viagem ao seu interior. É preciso aquietar a mente (ficar em silêncio, em contato com a natureza, ou meditar, também podem ser ótimas alternativas), e deixar de fora todas as opiniões e avaliações exteriores, minimizando as atividades cerebrais que temos a todo instante. Na verdade, o que as outras pessoas percebem de você é aquilo que existe por dentro, o que é projetado a partir do seu interior. Esse momento de introspecção é único e só seu, além de essencial para desenvolver o autoconhecimento. Se der ouvidos para o que as pessoas dizem, você acaba ficando refém de suas opiniões, e isso demonstra quão inseguro pode estar se sentindo. O antídoto para isso está no autoconhecimento, que permite que você tome decisões por si mesmo, sem tantas dúvidas, independentemente do que os outros pensam ou querem.

Quando você faz isso, quando se conhece, você estabelece rotas entre o ponto em que está (identificando quem você é) e o ponto que quer atingir (identificando o que deseja). É importante aqui que você se blinde de opiniões externas, porque ninguém, além de você, sabe o quanto tem se esforçado e se empenhado em conquistar o que quer. Se tem um plano ou um projeto, mantenha essa ideia ou intenção em segredo, compartilhando apenas com aqueles que realmente têm interesse em seu sucesso. Parte de seu autoconhecimento é perceber os limites entre o que deve ou não ser divulgado. Em seu já citado livro *A lei do triunfo*, o escritor Napoleon Hill chama essa estratégia de *master mind*. Segundo ele, você deve confiar seus segredos apenas àquele grupo de pessoas que se unem com um objetivo comum e que pensam de maneira semelhante a você, ou seja, com a mesma energia. Quando você restringe seus planos e sonhos apenas às pessoas nas quais confia, as chances de realizar o que está buscando é muito grande. Se, ao contrário, você conta a todos o que pretende fazer ou conquistar, os chamados "banhos de água fria" serão quase inevitáveis e virão dos críticos que sentirão inveja ou daqueles que, por não conseguirem acompanhar o seu processo de evolução, se manifestarão como céticos e pessimistas. Seja de quem for, o fato é que esse tipo de crítica não ajuda em nada. Quando você abre seus sonhos, é como se as forças e a energia que você investe neles se dividissem, porque nem todos pensam do mesmo jeito ou querem as mesmas coisas.

Isso ficará mais claro quando você descobrir e sentir que o poder de mudar está dentro de você.

Etapa 2: desapegue-se

Assim como eu e tantas outras pessoas, tenho certeza de que você também é muito apegado às coisas que conquistou. Como profissional de ortodontia, por exemplo, eu construí um patrimônio e uma história que não quero perder nem abandonar. Nós nos apegamos às coisas que temos, mas muitas vezes não percebemos que algumas delas nos impedem de conquistar outras, talvez mais promissoras. Se você não se desapegar de algumas coisas, dificilmente conquistará outras. Muitas vezes, precisamos morrer para o velho para que possamos nascer para o novo.

Mas por que será que as pessoas têm tanta dificuldade em se desprender das coisas – às vezes dos sentimentos, de opiniões e de ideias preconcebidas?

A resposta está nesta palavra: insegurança. Ela, por sua vez, escamoteia o medo do desconhecido, o medo de dar errado, o medo de fracassar. Insegurança quer dizer vulnerabilidade, baixa autoestima e falta de confiança. Se você não enfrentar o medo, não se desapegará nunca.

É curioso o jeito como as pessoas justificam essa dificuldade. Já ouvi gente dizer que não ousa mais porque se sente velha, porque acredita que não tem mais a habilidade necessária para novos voos ou porque acredita que, com o tempo, as coisas parecem ficar mais difíceis. Isso já aconteceu comigo. São crenças limitantes que vamos pondo na cabeça. Isso acontece quando a realidade exterior vai nos moldando; quando, por exemplo, valorizamos demasiadamente a opinião dos outros sobre nós. Assim, vamos arranjando desculpas e pretextos que acabam nos cegando quanto às possibilidades de construirmos algo mais vigoroso no futuro.

Isso fica mais claro quando pensamos no início da nossa jornada. Por exemplo, quando comecei minha vida profissional, eu parti do zero, não tinha nada, a não ser a vontade de ser e fazer. E consegui construir um nome, uma marca e um patrimônio. Isso acontece com a maioria das pessoas. Só que, depois de um certo ponto, as preocupações aumentam e o medo de perder cresce, a ponto de ser maior do que a vontade de ganhar – ou de ousar e fazer algo mais prazeroso. Acabamos nos estagnando, paramos de conquistar.

No fundo, tudo começa na mente. A vontade de ousar ou as crenças limitantes, tudo se define no que você é e está buscando, o que, de certa forma, é um reflexo do que acontece no seu cérebro. Quando você para de crescer na vida, o que acontece é que você está se autossabotando. Se você começou do nada, por que teria medo de recomeçar ou de avançar em outra direção? De modo geral, isso vai contra o senso comum. A maioria das pessoas prefere manter o certo do que ter de se arriscar por algo duvidoso. Porém, nós sabemos que tudo o que nosso cérebro concebe ou imagina ele é capaz de conseguir ou realizar. Mas será necessário se desapegar, abrir mão de coisas que já não fazem mais sentido, o que inclui rever conceitos, desaprender algumas coisas, para que você possa reaprender outras e assim por diante.

Vale aqui um alerta importante e que tem tudo a ver com o que estou dizendo. O momento pelo qual o mundo todo passou, com o surto da covid-19, é um exemplo de como precisamos estar atentos sobre a forma como conduzimos nossas vidas e sobre como encaramos o futuro. É claro que eu, como você, não tenho uma bola de cristal e jamais vamos saber exatamente como será o futuro. Mas podemos antecipar cenários, criando espaços de manobra, tendo sempre à mão meios que nos permitam rever e repensar nossa trajetória. Há inúmeros exemplos de pessoas que sofreram muito nessa pandemia. Algumas realmente não tiveram chance alguma, infelizmente; outras conseguiram contornar situações difíceis, revendo posturas, se dispondo a mudar suas trajetórias, abrindo mão do que não fazia mais sentido algum manter. Não sabemos como será o dia de amanhã, mas podemos amenizar o impacto das novidades e surpresas, que nem sempre serão agradáveis, focando aquilo que realmente faz sentido em nossa vida.

Isso não quer dizer que você deve sair por aí jogando fora tudo o que conquistou. Você precisa saber o que faz sentido manter em sua vida e o que só está ocupando espaço – e, por decorrência, atrapalhando sua jornada. Isso implica correr riscos. Mas, se você quer crescer, não há como evitar, trata-se de algo inerente ao processo de desenvolvimento. Riscos são também meios de aprendizagem. Você tenta, erra e aprende. Se a busca for permanente e o aprendizado, constante, você chega lá. Quando você resolve experimentar o mercado de ações e apostar na bolsa de valores, por exemplo, a primeira lição que aprende é que o risco é parte do processo. Diferente de sorte ou loteria, quando as coisas acontecem por acaso. Tentativas e estudos de cenário são essenciais para aprender a lidar nesses ambientes. A ideia não é eliminar o risco (o que seria impossível), mas minimizá-lo e ampliar as possibilidades de ganho. Por outro lado, se você se fecha, com medo de errar e correr riscos, certamente perderá ótimas oportunidades de lucro.

Se você quer viver o novo, será preciso cortar vínculos com um passado de tristeza, de mágoas, de erros, de coisas que puxam você para baixo, de tudo o que pesa, de tudo o que não faz você avançar na caminhada, ou faz com que tudo sempre seja muito difícil em sua vida.

Liste a seguir atividades relacionadas a cada uma das áreas e que se fossem eliminadas de sua vida você estaria em um patamar melhor do que está hoje:

Emocional _____

_____

Familiar _____

_____

Saúde _____

_____

Social _____

_____

Hobby e Lazer _____

_____

Financeiro _____

_____

Intelectual _____

_____

Espiritual _____

_____

Profissional _____

_____

Solidário _____

_____

Etapa 3: liberte-se

Se você quer ser livre, liberte-se. Chamo sua atenção para este ponto do método, que foi pensado para dar um sentido lógico a esse processo. Posso dizer que libertar-se é um pré-requisito para ter liberdade. Para ser realmente livre, você precisa tomar decisões. A decisão que você toma agora poderá mudar sua vida para sempre. No curso "Unleash the Power Within", do qual participei em Chicago, Estados Unidos, em 2018, ouvi de Tony Robbins o seguinte: "É nos momentos de decisão que o seu destino é moldado". Muitas pessoas não decidem porque não sabem como vão conseguir realizar aquilo que querem e, por isso, permanecem no mesmo lugar.

Aliás, vale dizer que você não precisa de dinheiro para conseguir o que quer que seja; você precisa tomar a decisão de fazer o que deseja. As coisas só acontecem a partir do momento em que você toma decisões.

Um aspecto que deve ser considerado é que você só é livre quando está solto, quando nenhuma amarra ou corda o prende ou, para ser mais enfático, quando nenhum medo limita a sua ação. Há pouco, observando meu filho pequeno, reparei que ele não tem medo nenhum (a não ser aqueles medos naturais, como o de ruídos altos ou de cair). Ele ainda é bem pequeno, então, vejo-o subindo nas cadeiras, depois tentando alcançar a mesa e, se deixarmos, ele vai subir nos armários, vai andar, pular, brincar à beira das superfícies sem o menor problema, sem medo algum. Quem tem medo somos nós, os pais, que ficamos preocupados, com medo de que ele caia e se machuque. Para ele, esse é um processo absolutamente natural. Quando você não tem medo, se sente livre para fazer o que quiser. Na verdade, essa é a condição natural para que você conheça o novo, teste seus limites e descubra coisas novas. Para uma criança, esse estado é fundamental, pois ela está descobrindo o mundo, sente-se livre para testar possibilidades e, de muitos modos, está aprendendo a viver e a se virar na vida que está começando.

Em certo sentido, libertar-se significa se jogar no mundo, mergulhar com fé e coragem naquilo que você acredita, usando toda sua energia e seu ânimo para buscar o que está querendo. Você precisa se libertar (e se desapegar) de tudo e de todos que lhe prendem, incluindo emoções negativas e tóxicas, para que possa fazer um novo voo em sua vida.

Considere as áreas a seguir e tente identificar situações ou momentos em que o seu medo foi maior que a sua coragem para se libertar:

Emocional _____

Familiar _____

Saúde _____

Social _____

Hobby e Lazer _____

Financeiro _____

Intelectual _____

Espiritual _____

Profissional _____

Solidário _____

Só você pode encontrar a saída para essas situações. A chave está no autoconhecimento, em um olhar crítico para o passado, que busque entender como e por que essas amarras foram criadas. Quando você entende isso elas se soltam e você então estará livre para alçar novos voos, remodelando suas crenças e mudando o rumo da sua história.

Etapa 4: compreenda e vença seus medos

O medo é o fator que gera indecisão, insegurança e paralisia. Quando éramos bebês, tínhamos dois medos: o de cair e o de ruídos altos (barulho). Esses são medos naturais, que parecem vir ao mundo junto com a gente. Os outros medos presentes em nossa vida são todos adquiridos, como disse o escritor Napoleon Hill, que assim os identificou: o medo da pobreza, de ser criticado, da doença, de rejeição, da velhice e da morte.[9] Diante desses medos, que são adquiridos, as pessoas acabam adotando o medo supremo, que é o medo de agir, e do qual decorrem a falta de autoconfiança e a falta de equilíbrio emocional. O medo de agir é o pior de todos, porque sem ação nada acontece e a pessoa não faz nada, não sai do lugar.

O medo de agir aumenta diante do desconhecido e chega a aprisionar a pessoa depois de uma decepção ou ao se deparar com a necessidade de recomeçar algo. Esses medos, quando associados, impedem-nos de dar passos maiores, comprometendo nosso futuro, sucesso e felicidade. O medo é impiedoso. É um sentimento aterrador, responsável, em grande parte, pela ausência de realização e de êxito na vida das pessoas, simplesmente porque lhes faltaram coragem e

---

9. HILL, N. **Quem pensa enriquece**. São Paulo: Fundamento, 2011. p. 217.

determinação para enfrentar os riscos, que sempre existirão, assim como a possibilidade de sucesso.

Eu disse na etapa anterior, que, quando vemos nosso filho se mover de maneira livre e despreocupada, quem fica com medo somos nós, os pais. Só que os pais, de modo geral, não nos contentamos em sentir esse medo; nós o projetamos em nossos filhos. Aos poucos, vamos incutindo esses medos nas mentes deles, até o ponto em que eles acabam entrando na vida dessas crianças, que passam então a carregá-los e manifestá-los em todos os momentos.

O mais curioso é que muitos desses medos não têm fundamento ou, pelo menos, nos são colocados de modo a nos impedir de fazer as coisas. Um exemplo bem simples: "Se estiver chovendo muito forte, não saia de casa" ou "se o sol estiver ardendo, fique na sombra, não saia daí". Ora, se você precisar sair na chuva, use um guarda-chuva; se tiver que atravessar uma praia ensolarada, passe protetor solar. O que quero dizer é que os medos devem ser vistos apenas como sinais de alerta, avisos de que é preciso tomar algum cuidado em determinado trecho do caminho – e nunca como uma barreira.

Outro medo que toma conta das pessoas é aquele que se refere ao que os outros vão pensar delas. Este é um medo enfraquecedor, que inibe o indivíduo de fazer não só o que deseja, mas também o que precisa ser feito.

O ex-presidente dos Estados Unidos, Franklin Delano Roosevelt, certa vez declarou: "A única coisa de que devemos ter medo é o medo". E ele tinha razão. Esse sentimento, quando nos domina, além de nos paralisar, também nos isola e nos afasta de tudo o que nos impele à mudança. Por isso o maior inimigo do medo é a ousadia, algo que, com o perdão do jogo de palavras, aterroriza o próprio medo.

Como disse Napoleon Hill: "Aquele que tem a mente tomada pelo medo não somente destrói as próprias chances de agir com inteligência, como transmite vibrações negativas às mentes de todos com quem entra em contato, destruindo assim as chances deles também".[10] As vibrações de medo, segundo Hill, passam de uma mente à outra com a mesma rapidez com que o som da voz humana vai de uma emissora de rádio à estação receptora – e pelo mesmo meio. O mesmo acontece com os pensamentos, que passam de uma mente a outra, com ou sem conhecimento por parte de quem os emite e de quem os capta. Se estiverem contaminados pelo medo, esses pensamentos vão contagiar quem os absorver.

Entender esses mecanismos é fundamental para superar o medo. A chave, como você já deve ter percebido, está no autoconhecimento, prática que exige, além de conhecer seus medos, conhecer também suas crenças, suas reações, seus valores e seus anseios. O autoconhecimento gera autoconfiança, o que ajuda a diminuir os amedrontamentos que são gerados na mente insegura e no nosso coração duvidoso. O autoconhecimento mata o medo e a dúvida. É também nesse sentido que digo que tudo o que foi adquirido pelo caminho pode ser deixado para trás quando você se dispuser a mudar.

Você só vence ou supera aquilo que conhece e compreende. Em muitos sentidos, compreender é dominar, assimilar e reconfigurar. Quando você identifica o sentimento de medo e estuda sua causa, as chances de superá-lo são plenas. Mas você precisa se abrir, fazer aquele mergulho de que falei anteriormente, reconhecendo dificuldades e buscando mudar a chave da sua emoção para uma postura positiva.

Vale ainda dizer que o medo pode também ser um sinal de que você não está suficientemente preparado para seguir naquele projeto ou empreendimento. Nesse sentido, esse sentimento é positivo, pois

---

10. HILL, N. **Quem pensa enriquece**. São Paulo: Fundamento, 2011. pp. 234-235.

funciona como um sinal de alerta, dando a você a oportunidade de se preparar e aprender o que precisa.

Etapa 5: tenha clareza sobre o que você quer

Você precisa ter uma ideia bem clara em sua mente, um objetivo certo, um propósito definido e saber por onde começar. Se não houver clareza quanto ao lugar que você quer chegar, ou se não souber onde fica esse lugar, não há meio de você atingi-lo. Você tem ideias claras do que quer fazer na vida nos próximos anos? Em seu livro *O jogo interior do tênis*[11], Timothy Gallwey salienta que ter uma imagem clara dos resultados que você deseja conquistar é um dos métodos mais eficazes de se comunicar com o seu subconsciente – lugar onde seus objetivos precisam estar claros.

Escreva alguns cenários possíveis, com o máximo de detalhes. Para melhorar a eficácia do processo, imagine essas imagens em seu subconsciente, como se você já estivesse usufruindo de suas conquistas.

Tópicos da Roda da Vida	Metas para daqui a...		
	2 anos	5 anos	10 anos
Emocional			
Familiar			

---

11. GALLWEY, T. **O jogo interior do tênis**. São Paulo: Edipro, 2022.

Saúde			
Social			
Hobby e Lazer			
Financeiro			
Intelectual			
Espiritual			
Profissional			
Solidário			

ETAPA 6: DECIDA

Quando você tem clareza, autoconhecimento, certeza do quer e sabe onde está, você precisa, então, decidir o que quer ser e o que deseja alcançar. Você não pode mais estar inseguro. Isso implica fazer uma escolha, abrir uma porta e seguir o caminho que o levará aonde quer chegar. No momento em que você tomar uma decisão e cortar as cordas com o passado, você estará pronto para voar.

Pessoas bem-sucedidas costumam tomar decisões muito rápidas. Muitas vezes elas erram, mas, por serem muito ativas, elas também percebem com rapidez eventuais erros e mudam de rumo tomando, assim, uma nova decisão até encontrarem o ponto que estão buscando. Isso não acontece porque elas não se importam com o erro. Na verdade, o objetivo maior é tentar acertar sempre.

Por outro lado, pessoas que não são bem-sucedidas costumam demorar mais para tomar decisões. Elas procrastinam com frequência, dão voltas, pensam muito, ficam às vezes dias com um projeto na cabeça sem se decidirem realmente se querem ou não aquilo. Quando decidem agir, às vezes já é tarde e acabam assim perdendo o timing daquela oportunidade, porque sabemos que o sucesso chega para aqueles que fazem o certo, do jeito certo, na hora certa e na velocidade certa.

Pessoas que tomam decisões são mais felizes e realizadas. Quando você decide, tudo em sua volta tende a se definir em função daquela decisão. Ela pode dar errado ou certo, mas as coisas se definem, você tira um peso das costas pelo fato de ter tomado uma decisão. E isso tem um efeito psicológico grande, pois, quando você decide, significa que você está agindo como o protagonista da sua vida.

Em contrapartida, pessoas que não decidem ou decidem muito lentamente ficam às voltas com impasses e dúvidas às vezes durante dias, semanas, e vivem, por assim dizer, em uma eterna angústia, inseguras e nunca plenamente satisfeitas. A sensação de insatisfação, nesses casos, é bem maior.

Decidir é fazer, é criar novas realidades. Quando você decide, as coisas se transformam, você muda de patamar e passa de fase.

Vamos para a próxima fase?

Capítulo 6

A autodisciplina em prol da eficiência

Entrar em ação movido pelo ânimo não é suficiente.
A motivação passa. Para que sonhos se concretizem,
é necessário ter disciplina nas ações.

Disciplina e persistência são os ingredientes essenciais para que as coisas deem certo. Pense em seu corpo. A sua musculatura só se delineia em razão do seu treinamento, feito sempre de modo disciplinado e consistente. Não adianta fazer exercícios uma vez por semana ou ir eventualmente à academia. Se é assim que você prepara o seu corpo, não se iluda, os resultados que espera não vão acontecer. O tempo vai passar e você continuará no mesmo lugar; sua barriga estará flácida, longe daquele "tanquinho" tão desejado. Pense agora em todas as outras áreas da sua vida. O mecanismo é o mesmo. Aquela casa própria que tanto deseja somente será sua se você sair do mundo virtual e começar a procurar um terreno onde construí-la ou realizar visitas às imobiliárias em busca do seu sonho e realização. Sua carreira só vai decolar quando você investir tempo, conhecimento, estudo e inteligência emocional de modo disciplinado e constante.

Entrar em ação movido pelo ânimo é importante, mas não é suficiente para que as coisas aconteçam. Se não houver algo a mais, a motivação passa. Para que os sonhos se concretizem é necessário ter disciplina, do contrário, tudo não passará de mera empolgação ou, como se diz popularmente, "fogo de palha". Em meus estudos e conversas, tenho observado que os sonhos que dão certo são aqueles construídos com disciplina e persistência. Se não houver isso, as coisas não acontecem. Só promessas, intenções e entusiasmo não são suficientes. Se você quer aprender um instrumento, precisa praticar todo dia. Se quer emagrecer, precisa ir regularmente à academia, cuidar da alimentação ou, pelo menos, treinar de modo sistemático, seguindo um plano regular de atividades.

As duas palavras-chave aqui são disciplina e constância. Ou seja, método e persistência. Isso é importante, porque muitas vezes a pessoa se levanta disposta a mudar o mundo, a melhorar seu relacionamento, faz uma revolução no quarto e na agenda, com uma programação que promete transformar toda sua vida, mas tudo isso é pensado de modo impulsivo, com forte euforia e com base apenas na vontade de fazer as coisas. Sim, isso também é importante, mas não é o suficiente. Se você não conseguir adequar essa euforia ou motivação em um plano que lhe permita realizar de modo regular todas essas atividades, isto é, com disciplina e constância, essa vontade toda vai embora e some do mesmo jeito que apareceu, deixando como vestígios a frustração, um vazio muito grande e a sensação de fracasso.

Se você quer mudar alguma coisa em sua vida, precisa de disciplina. Se quer mudar um hábito, precisa de constância, determinação e foco. Como enfatizei no começo do livro, para transformar sua vida e alcançar seus objetivos, você precisa agir com disciplina. Para mudar, você precisa querer, precisa ter uma visão, precisa saber onde está e precisa, fundamentalmente, agir. Mas não agir de qualquer jeito, aleatoriamente. É preciso disciplinar o seu jeito de agir, para que atenda às suas expectativas. Conheço pessoas com muito conhecimento, que leem bastante, que se dão conta da necessidade de mudar, fazem cursos atrás de cursos, mas não põem em prática o que aprenderam, ou apenas agem pelo impulso, movidas pela euforia do momento, e logo abandonam o caminho.

Às vezes é melhor ter um conhecimento menor, mas aplicá-lo o máximo possível. O efeito sem dúvida é muito maior. É aquela velha máxima: o mais importante não é a quantidade de conhecimento, mas o que fazer com o conhecimento que se tem.

Mudando seus hábitos e padrões mentais

Para obter resultados diferentes e extraordinários é preciso mudar a forma de pensar e adotar hábitos saudáveis. Essa é outra virtude da autodisciplina. Ela faz com que a pessoa não se acomode, na medida em que a obriga a buscar conhecimento, a mudar o seu *mindset* (modo de pensar), sempre descobrindo o novo. Eu chamo isso de aprendizagem contínua, um processo que nos faz aprender o tempo todo e que, portanto, nos obriga a rever constantemente nossos conceitos e opiniões. Essa é uma postura que nos ajuda a nos conectarmos com os acontecimentos no mundo, nos proporciona novas maneiras de pensar e nos ajuda a sair de nossa zona de conforto, onde o mundo parece ser sempre o mesmo.

Como já havia salientado anteriormente, os analfabetos de hoje não são aqueles que não sabem ler ou escrever, mas os que não se dispõem a aprender, depois a desaprender para, então, reaprender novamente. Esse é um processo de acompanhar as mudanças que ocorrem no mundo. Tudo é muito veloz, as mudanças são constantes, de modo que algo que predominava em determinado momento pode deixar rapidamente de fazer sentido em outro. Há inúmeros exemplos: máquinas de fax, *pagers*, leitores de Blu-ray, dispositivos de GPS (hoje inclusos até nos celulares mais simples), discos rígidos, *pen drives* (tudo está nas nuvens!), sem falar nas comunidades digitais que um dia chegaram a ser revolucionárias, como o Orkut, as salas de bate-papo e o já aposentado Napster. Você se lembra de algum deles? Muitos nem tiveram tempo de se firmar, tamanha a avalanche de novidades lançadas em diferentes lugares e praticamente ao mesmo tempo.

Apesar da necessidade de ter uma mente aberta e disposta a aprender, desaprender e reaprender, as ações orientadas para o alcance de resultados precisam ser transformadas em rotinas e rituais.

Se algo que você fez até agora vem dando certo, isso não significa que você nunca deva mudar. Na verdade, você precisa estar atento às adequações que precisam ser feitas em sua rotina. Se o mundo muda constantemente, por que você não mudaria? Aqui entra um pouco do que já falamos sobre a necessidade de se desapegar, de abandonar relacionamentos tóxicos, de romper com crenças que podem ter funcionado no passado, mas que não fazem mais sentido. Isso é importante para que você consiga absorver novos conhecimentos, aplicando esses conceitos com disciplina para consolidar a mudança. Afinal, mudar e desmontar hábitos antigos são coisas muito difíceis.

No meio empresarial, há exemplos de inúmeras empresas poderosas que existiram e dominaram mercados no passado, mas que hoje não existem mais ou tiveram que ser vendidas porque não acreditaram nas mudanças: Mesbla, Manlec, Blockbuster, Blackberry, Arapuã, entre outras.

Será que vale a pena resistir à mudança? Tenho certeza de que não.

Imagine que você precisa atravessar uma mata e existe uma trilha por onde as pessoas passam todos os dias. Logo, aquele caminho já está formado, o que torna mais fácil a travessia e, se você passar por ali, também vai usar esse caminho. Isso é um hábito. Mas digamos que você não queira mais passar por aquele caminho, você agora quer ver outra paisagem, talvez queira novidades e resultados diferentes. Você está no meio desse matagal, vai precisar de uma foice ou de um facão para ir abrindo um novo caminho, construindo essa nova trilha. Você vai fazer isso aos poucos, porque ali a mata ainda é virgem, alguns galhos têm espinhos, o terreno é meio escorregadio, há lama em algumas partes, você precisa tomar alguns cuidados extras, enfim, é uma empreitada difícil, afinal, está formando um novo caminho. No entanto, com o tempo, e após tanto passar por ali, você, por ter construído essa nova via com determinação, constância e disciplina, acabou criando um novo hábito, uma nova crença. No começo, é claro, isso será bem difícil, mas com o tempo, quando esse caminho fizer parte de sua rotina, será mais fácil caminhar por ele e, possivelmente, vai dar a você um resultado diferente. Se você não faz isso com disciplina e persistência, muito antes do meio do caminho, você desiste e volta à trilha antiga, que, sem dúvida, é mais fácil, mais confortável, mas que não traz mais nada de novo a sua vida. Se depender do seu cérebro, que sempre quer lhe proteger e gastar menos energia, você, obviamente, vai optar pelo caminho mais fácil e que já está pronto.

Noto que pessoas com objetivos costumam ter o que chamo de sobrevida. Elas vivem mais, parecem ser alimentadas por uma meta, por um desejo que transcende o simples fato de estarem aqui. Por outro lado, percebo que pessoas que se aposentam cedo e não encontram outra maneira de dar sentido à vida, seja se ocupando em outra atividade ou realizando algum trabalho voluntário, acabam perdendo um pouco o entusiasmo pela vida, porque estão sem objetivos. Aqui, de novo, aparece mais do que nunca a necessidade de construir novos hábitos, mudar de vida e abandonar o que ficou para trás. Conheço pessoas que deixam o emprego (perdem ou se aposentam), mas não deixam os hábitos que estavam ligados àquela ocupação. A pessoa sai de férias, mas seus hábitos não mudam, ela não consegue se integrar ao ritmo da família, por exemplo.

Não é a idade que vai determinar o que você pode ou não fazer. Mas será apenas com disciplina que você conseguirá estabelecer um novo hábito. Como já disse, mudar é sempre algo complicado, sobretudo porque implica o abandono de velhos hábitos e o rompimento com o passado e com coisas que não fazem mais sentido. Se você não é uma pessoa antenada para o novo, vai perceber que, de modo geral, não há nada em sua volta que o incentive a mudar. Muito pelo contrário. Tudo vai sempre induzi-lo a permanecer no mesmo lugar. Se você diz que quer fazer algo diferente, experimentar um novo jeito de fazer as coisas, os obstáculos estão em toda a parte e exigem determinação para sair da rotina e criar uma nova. É preciso não dar ouvidos às opiniões de terceiros (geralmente nada incentivadoras), enfrentar novos desafios, desaprender, reaprender e acreditar que você é capaz de fazer aquilo a que se propõe.

Se você já passou dos 40 ou 50 anos de idade, não jogue a toalha, há muita coisa pela frente ainda. Se você quer crescer, quer tentar algo novo, qual é o problema? Tenho observado que pessoas que têm iniciativa, que não se conformam, que estão buscando aprender coisas novas incomodam bastante. Mas não é porque elas prejudiquem alguém, e sim porque, ao tomarem a decisão de fazer algo novo e que faz sentido, põem em xeque a crença de pessoas que não acreditam em si mesmas. É por isso que você ouve críticas, de todos os lados, que tentam desqualificar suas iniciativas. Você só consegue superá-las se estiver focado e disciplinado, com muita coragem e ânimo!

Não é incomum encontrar pessoas talentosas que preferem ser empregadas a serem donas de empresas. Elas se conformam em ganhar um valor fixo que consideram seguro e evitam se arriscar abrindo um negócio próprio, talvez com mais possibilidades de ganhos financeiros. Por outro lado, sabemos que ser dono de empresa, ou ser rico e ter sucesso são coisas que dão trabalho. Por isso é mais fácil ficar na zona de conforto.

Tudo depende de aonde você quer chegar. O momento da mudança de hábito ocorre quando percebemos que o que fazemos poderia ser feito de uma maneira mais eficaz. E é mais fácil mudar um hábito ruim quando já temos em mente um substituto mais adequado para ele. Ou seja, você não abandona, simplesmente, um hábito, mas cria um novo com ações disciplinadas e constantes. Portanto, não fique lutando contra vícios antigos, crie novos hábitos. Isso torna mais fácil a mudança.

Ao observar meu filho caçula, que há pouco começou a caminhar, percebi que as crianças não param de engatinhar porque consideram ruim engatinhar, mas porque percebem que andar é melhor, mais desafiador.

Controle suas emoções

Você sabia que as pessoas mais bem-sucedidas não são as mais espertas ou mais inteligentes? Na verdade, os que mais têm sucesso em seus empreendimentos ou ações são os que têm maior equilíbrio emocional, ou seja, os que conseguem administrar melhor suas emoções. Essa percepção encontra eco em um estudo feito pelo escritor e psicólogo Daniel Goleman, que aponta que 80% dos resultados positivos na vida de qualquer pessoa decorrem da chamada "inteligência emocional".[12] Ou seja, considerando todas as coisas boas e bacanas que você faz na vida, 80% delas deram certo porque em algum momento você usou sua inteligência emocional. Se você fez um bom negócio, por exemplo, provavelmente foi empático com a pessoa que o atendeu; se conquistou o coração de alguém, certamente se dispôs a ouvir e compreender aquela pessoa, percebendo-a como alguém que você admira e respeita. Em quaisquer desses atos, é provável que

---

12. GOLEMAN, D. **Inteligência emocional:** a teoria revolucionária que redefine o que é ser inteligente. Rio de Janeiro: Objetiva, 2012.

você tenha agido com maturidade emocional, tenha utilizado os dois lados do seu cérebro com equilíbrio.

Você se lembra de situações assim em sua vida?

Usando os tópicos da Roda da Vida, liste situações em que você percebe claramente um comportamento em que sua inteligência emocional se destaca:

Emocional _____

_____

Familiar _____

_____

Saúde _____

_____

Social _____

_____

Hobby e Lazer _____

_____

Financeiro _____

_____

Intelectual _____

_____

Espiritual _____

_____

Profissional _____

_____

Solidário _____

_____

Este é um ponto central do método VERSO (Visão, Estratégia, Realização, Sonhos e Objetivos): como está o seu emocional quando você faz o que faz? Você se sente feliz quando fala com seus familiares e colegas? Como é sua relação com seus superiores? E com seus clientes?

Meus clientes vêm à minha clínica não só pela qualidade dos meus serviços, mas, sobretudo, porque se sentem bem no meu consultório. São atendidos com atenção, respeito, consideração, carinho e alegria.

Atualmente há muitas empresas que contratam seus colaboradores olhando o rosto deles, como se tentassem captar a energia que eles passam. Depois de feitos os testes e provas para a admissão, o fator decisivo tende a ser o nível de inteligência emocional da pessoa, no qual se destacam sua flexibilidade, capacidade de interação, otimismo, disposição para superar desafios e espírito colaboracionista. São pessoas que motivam e inspiram confiança, entre outros fatores. Em suma: o que está em jogo é se a pessoa transmite uma imagem de felicidade.

Isso reforça outra ideia que é um pressuposto de nosso método: não é ter as coisas que vai fazer você se sentir feliz; ao contrário: você precisa primeiro se sentir feliz para, depois, ter as coisas. E isso tem a ver com o que já dissemos anteriormente: é preciso ter um pensamento e uma visão de futuro e junto com essa visão você precisa acoplar um sentimento positivo, seja de alegria, de felicidade ou de contentamento. Cada vez mais me convenço de que as coisas só vão acontecer quando nós estivermos em um ambiente harmonioso.

Os ambientes de discórdia, às vezes, estão camuflados nos acontecimentos ordinários e simples. Uma divergência de opiniões, em que as partes não aceitam as diferenças e tendem, cada qual, a impor sobre o outro seu ponto de vista, dificulta qualquer entendimento. E aqui, mais uma vez, a inteligência emocional é decisiva. Se você não aceita feedbacks, como poderá melhorar ou desenvolver suas habilidades? Saber ouvir, reconhecer erros e valorizar os outros, por exemplo, estão entre as principais características da inteligência emocional. Se você convive ou participa de um ambiente onde esses aspectos são destacados, as chances de sucesso (de todos) são muito grandes.

Quando você está feliz – e essa felicidade decorre em grande parte do fato de você se dispor a ter e a usar sua inteligência emocional –, o Universo entende isso e dará a você mais do mesmo. Ou seja, aumentam suas chances de multiplicar esse sentimento de felicidade. É assim que funciona a chamada "lei da atração".

Vale ressaltar aqui que todos nós temos o direito de nos sentirmos eventualmente preocupados ou tensos. Isso é da condição humana, tem a ver com alguma situação adversa que às vezes nos pega de surpresa. Nessa hora, em primeiro lugar, você deve viver e sentir esse momento, não há nada de errado nisso. Porém, não deve transformar esse sentimento em uma novela sem fim. Não permaneça muito tempo nesse estado, principalmente quando você está buscando soluções para sair daquele lugar ou daquela situação. É primordial que o seu sentimento nessa hora seja positivo. Suas metas e conquistas estarão sempre condicionadas aos sentimentos que você projeta sobre elas. Por isso, como já mencionei, você precisa primeiro se sentir, precisa *ser*, para daí fazer aquilo que você precisa fazer para ter o que quer ter.

O seu cérebro é um computador maravilhoso, movido por um programa poderoso, que é o seu subconsciente. Isso permite que você avalie cada situação, podendo, assim, mudar o seu estado interior e, por consequência, os seus sentimentos. Portanto, mesmo que esteja desempregado ou vivendo um momento ruim, você precisa se imaginar como se já tivesse superado aqueles problemas e obstáculos. O cérebro não distingue tempos, isto é, não distingue o que é passado, futuro ou presente. Ou seja, ele não diferencia o que é real daquilo que é imaginário. Se eu pedir a você para imaginar a *Monalisa*, o quadro do Leonardo da Vinci, mapear seu cérebro nesse momento, e depois levar você até o Louvre e, diante do quadro *real*, mapear seu cérebro novamente, as áreas ativadas serão as mesmas em ambos os casos. Para seu cérebro, a *Monalisa* é a mesma – não importa se ela está no Louvre ou apenas na sua imaginação. Se você quer mudar e melhorar de vida, aja como *se já tivesse* mudado e melhorado de vida! Afinal, a mente vai aceitar e materializar tudo aquilo que você afirmar mental e emocionalmente como verdade.

Vale aqui lembrar Albert Einstein: "O conhecimento é limitado, mas a imaginação circunda o mundo".[13] Nossa imaginação não tem limites, logo podemos imaginar o que quisermos. As únicas limitações estão na nossa mente, por isso precisamos expandi-la.

Sempre que somos envolvidos por emoções negativas, nós freamos, não atingimos o nosso verdadeiro potencial. Já quando temos emoções positivas, tendemos a agir com entusiasmo, com vibração, abrindo-nos mais para o novo e, por decorrência, com um poder muito maior de realização. Isso ocorre quando estamos energizados por emoções positivas.

Mantenha uma atitude disciplinada e vencedora

Uma atitude disciplinada e vencedora reflete a maneira como pensamos, sentimos e controlamos nossas emoções, além de refletir como agimos na busca por resultados ou por uma vida extraordinária.

---

13. EINSTEIN, A. **Sobre religião e outras opiniões e aforismos**, 1931.

Se pensar sempre do mesmo jeito, você vai obter sempre os mesmos resultados, e isso não representa uma atitude vencedora – uma atitude que conquista, que faz você realizar! Se, por exemplo, ao fazer um negócio, você se sente inseguro, ou não confia na pessoa com a qual está negociando, ou ainda se sente triste e preocupado, a probabilidade de dar certo será muito pequena. Logo, esse sentimento também não reflete uma atitude vencedora. Por fim, se o seu modo de agir estiver desconectado do que você pensa ou sente, ou ainda, se agir por impulso ou sem convicção, sem ousadia, essa ação não representará uma atitude vencedora.

Uma atitude vencedora é uma postura que nasce do ânimo. Como você está vendo no nosso método, tudo funciona de modo sincronizado. O que quer dizer que, sozinha, uma atitude vencedora não resolve tudo, mas sem ela, as coisas simplesmente não acontecem.

Para ter atitudes vencedoras, isto é, momentos de decisão para realizar projetos, resolver problemas, definir um relacionamento ou concretizar algum sonho, é importante que você conecte esses momentos aos objetivos e metas que estabeleceu. Uma atitude vencedora se torna poderosa quando está associada a um propósito. E será ainda mais eficaz se fizer parte de um plano que seja executado com disciplina, determinação e foco.

Quando tomar uma decisão vencedora, seja objetivo e claro naquilo que deseja. Na medida do possível, seja também rápido – lembre-se das pessoas bem-sucedidas, que sempre decidem com rapidez. Use o tempo a seu favor e não o desperdice.

Por fim, uma atitude vencedora é sempre ousada, mesmo quando realizada de modo estratégico. Nem o medo é páreo para ela. Quando tomada na hora certa, com planejamento e ânimo, as chances de sucesso são muito grandes.

O que você quer honrar na sua história?

Como comentei no começo do livro, minha mãe sempre me dizia que, se eu quisesse me destacar e ser próspero, devia estudar sempre. Esse é um ensinamento que honrei em minha vida, como tantos outros que meus pais me passaram. Considero-me, por isso, fruto da crença na educação. Se meus pais ainda fossem vivos, acredito que teriam muito orgulho do filho que me tornei.

Honra é uma palavra que parece estar um pouco esquecida nos dias de hoje. Mas é uma atitude e um comportamento de que sempre nos orgulhamos, quando conseguimos perceber o seu sentido. Eu tenho por norma pessoal, por exemplo, honrar os compromissos que assumo comigo mesmo. E, quando os cumpro com verdade e integridade, sinto-me muito orgulhoso. Tenho certeza de que isso também acontece com você. Quando age com ética, com integridade, buscando sempre ser honesto e nunca desleal, você age com honra e constrói com isso um legado de consciência e bons princípios. Se age com disciplina, se se compromete em atingir suas metas, com foco e determinação, você certamente irá se orgulhar disso. De alguma forma, seus pais ou as pessoas que cuidaram de você e lhe deram educação deixaram um legado em sua história. Talvez isso não seja muito claro e, de fato, na maioria das vezes, isso nos é passado de um modo silencioso e até imperceptível, de modo que quase não notamos. Mas, como já falamos aqui, você, assim como eu e todas as outras pessoas, somos de alguma forma frutos das histórias de nossos pais, que talvez as tenham escrito sem saber ao certo no que dariam.

Agora é a sua vez de se questionar: que legado você quer deixar para os seus filhos?

Dependendo das decisões, escolhas, atitudes e comportamentos que tiver, esses atos se transformarão nas histórias que você irá contar para si mesmo, para seus filhos, para seus amigos e familiares e, quem sabe, você deixe um legado para o mundo. Algo, enfim, que possa inspirar outras pessoas.

Você já pensou sobre isso? Talvez você ainda não tenha um legado ou algo que possa ser visto como uma trajetória completa de uma história inspiradora. Mas, se você pudesse esboçar alguma coisa nesse sentido, algo que o acompanhasse ao longo de sua vida, o que seria? Tire um momento para pensar sobre isto e conte aqui sobre o que pensou.

Descreva a seguir o que seria o seu legado.

_____

_____

_____

_____

_____

_____

_____

O caminho que é só seu

Para que as mudanças desejadas aconteçam na nossa vida, precisamos seguir um mecanismo que é único para cada um de nós. Quando falo isso, falo especificamente para você, lembrando que tudo o que está escrito aqui terá de ser interpretado e aplicado por você, mas de um jeito único, com seu próprio jeito de fazer as coisas. Isso é muito importante, porque muitas pessoas acabam substituindo o seu jeito próprio de fazer as coisas pela forma como a maioria das pessoas faz. E não apenas isso. Conheço pessoas que passaram uma vida tentando realizar um sonho que não era o delas. Foram levadas a imaginar que poderiam ser felizes fazendo as coisas como seus pais ou amigos esperavam que elas fizessem, mas nunca foram capazes de realizar esse sonho – e as poucas que conseguiram, descobriram que não se sentiam felizes, justamente porque aquele não era um sonho delas.

Cada um tem um caminho que é só seu. Você pode se inspirar em modelos, estudar comportamentos, mas o seu jeito sempre será único. Hoje se fala muito em modelagem, que significa uma forma de se reproduzir comportamentos ou processos bem-sucedidos, repetindo aquilo que deu certo. Não há problema nisso, na verdade, é bom que você estude os comportamentos e estratégias que deram certo e se inspire e tente, na medida do possível, usá-los como modelo. Mas é fundamental que você adapte esses modelos ao seu jeito de fazer as coisas. É indispensável que você imprima uma identidade nas coisas que faz. Se der certo, isso tem de funcionar com sua cara, com seu jeito de fazer, respeitando suas características, seu estilo, seu modo de agir e de pensar.

Nunca uma cópia será melhor que o original. Se você trilhar os mesmos caminhos que todos os vencedores trilharam, só vai chegar ao mesmo lugar que eles, com a desvantagem de ter chegado atrasado. Recomendo que você sempre reflita de modo diferente, às vezes pensando de uma maneira pouco convencional, exatamente para que consiga ver o que acontece fora da caixa, afinal, acredito não serem os "comuns" que provocam as mudanças no mundo.

Em suma, siga seu próprio caminho, respeitando suas individualidades, procurando ser autêntico consigo mesmo, respeitando suas emoções, formas de pensar e atitudes. Faça isso sempre de maneira congruente, isto é, em sintonia consigo mesmo, com pensamento e atitude em uma mesma frequência.

Capítulo 7

Confiança em si mesmo

Acreditar naquilo que não se pode ver nem tocar é o que vai alicerçar a sua visão de futuro. O ânimo para realizá-la nascerá da certeza de que você é capaz de alcançá-la.

Depois de estabelecer sua visão e decidir realizá-la, o que moverá você na direção do seu objetivo é a sua autoconfiança. Confiança, neste caso, é sinônimo daquilo que aceitamos como "certeza *absoluta*" – o termo *absoluto* aqui destacado aparece como um reforço dessa crença. Sempre que penso no propósito que devemos ter na vida, lembro-me de uma frase que ouvi de Roberto Shinyashiki, em um curso de formação: "As certezas *absolutas* são as que determinam os resultados que buscamos". Isso tem a ver com fé, e está na Bíblia: "Tudo o que pedirdes em oração, crendo, recebereis" (Mateus, 21:22). Você pode pedir o que quiser pois, se tiver confiança de que vai receber, você receberá.

No entanto, não pode haver espaço para a dúvida. Lembro-me de uma conversa com um amigo sobre essa questão, quando ele me dizia que achava complicado falar disso, porque acreditava que, às vezes, é necessário duvidar de algumas coisas, afinal, nem tudo é tão certo e exato como nos parece. Eu disse a ele: "Veja, eu estou falando de fé, de certeza, de coisas nas quais precisamos acreditar. Eu não estou comparando dúvida e fé e nem sugerindo que uma é melhor que a outra. Quando você decide fazer alguma coisa, por exemplo, construir sua casa, você não pode ter dúvida de que vai dar certo. Só não vai dar certo se você desistir ou se não persistir". A determinação será o fio condutor do seu projeto. É com ela que você supera os obstáculos e as dificuldades que encontrará no meio do caminho. Você pode ter dúvidas antes de tomar sua decisão, mas, depois que tiver decidido, precisa acreditar em você e no seu propósito, sabendo que dependerá da sua confiança a materialização dos resultados que espera alcançar.

Invista em você

Se você não acredita que as coisas que quer fazer darão certo, como elas podem ocorrer sem sua certeza? Nessas situações, você precisa acreditar *cegamente* no que está fazendo. Enfatizo muito isso porque é algo essencial no seu propósito – tão necessário quanto a visão positiva de futuro que você mesmo estabeleceu. Quando estiver em busca desse sonho, nem por um momento você pode duvidar de que vai conseguir realizá-lo. É aqui que você precisa ser persistente e determinado. No entanto, isso é diferente de teimosia, quando a pessoa, por exemplo, insiste em algo que comprovadamente não vai dar certo.

O primeiro ponto desse processo, portanto, é a confiança em si mesmo. Tenho várias experiências na minha vida pessoal em que ficou claro para mim que sempre que tentei fazer as coisas com um pé atrás, de modo inseguro ou com alguma dúvida e baixa autoconfiança elas acabaram não dando certo e eu não consegui alcançar o que estava buscando.

A falta de confiança em nossa capacidade nos deixa paralisados. Isso aconteceu comigo, há muitos anos, após concluir o mestrado, quando tive a intenção de organizar cursos para meus colegas dentistas. Eu tinha tudo bem elaborado em minha mente: iria preparar a clínica, uma área para um pequeno auditório, com mesas para debates, cadeiras confortáveis e, claro, convidando outros especialistas para palestras e debates, com apresentações teóricas e práticas. Meu propósito era realizar aqueles encontros com alguma regularidade e dentro daquele conceito de visão de futuro, eu imaginava com muita clareza a chegada dos professores convidados, os alunos recebendo seus ensinamentos e a clínica bem equipada para recebê-los, com projetor, som, *coffee break* etc. Mas havia algo que me inquietava. Eu pensava comigo: *O que meus colegas vão pensar de mim? Certamente vão achar que quero me exibir, que estou querendo mostrar, com essa ideia de ensiná-los, que sou melhor que eles.* Pensamentos assim me inquietavam e abalavam a minha confiança e a visão que tinha sobre mim mesmo e o evento. Infelizmente, eu alimentei todos esses medos e dúvidas a ponto de ficar paralisado. A vontade de realizar tal empreitada ficou apenas na minha mente. A insegurança e o medo do que os outros iriam achar daquela minha iniciativa fizeram com que eu ficasse inerte e sem fazer o que tanto queria.

O que torna tudo mais frustrante é que eu tinha todas as condições necessárias para fazer aqueles eventos, tanto do ponto de vista técnico quanto do ponto de vista das condições materiais. Havia realizado um importante curso de especialização, depois fiz mestrado, tinha os recursos financeiros para montar e organizar a minha clínica, enfim, as condições eram as melhores possíveis, mas me faltou coragem para tomar a decisão de que precisava para começar a agir. Deixei passar grandes oportunidades e, principalmente, deixei de ajudar um grande número de pessoas porque não me senti seguro o suficiente para ministrar um curso para o qual eu tinha todas as condições necessárias.

Para que ocorram mudanças no mundo, é necessário que você mude primeiro. É fundamental que você tome a decisão de mudar, vença seus medos e elimine as inseguranças. Só assim você pode efetivamente ajudar outras pessoas.

Talvez isso esteja acontecendo com você neste exato momento: a sua empresa pode estar precisando de uma expansão, de uma reorganização ou o seu casamento pode estar pedindo para que você mude e repense suas atitudes. Você precisa estar atento e tomar a decisão necessária para a situação: talvez o seu corpo esteja dando sinais e pedindo para que você acabe com o vício do cigarro ou da bebida ou pare de se alimentar de maneira compulsiva e faça mais exercícios físicos. Talvez seja a hora de mudar o seu negócio ou de rever o jeito como você vem fazendo as coisas no seu trabalho. Você é o agente da mudança. E, no seu lugar, só você pode – e precisa – agir! Você é o autor da sua vida. As mudanças vão ocorrer de acordo com as suas decisões e atitudes. Você tem o poder. Tudo depende única e exclusivamente de você.

Há na Bíblia, em Mateus 14:24-32, uma passagem em que Jesus fala sobre a necessidade de acreditar, ter fé e não duvidar da sua capacidade: "Entretanto, já à boa distância da margem, a barca era agitada pelas ondas pois o vento era contrário. Pela quarta vigília da noite Jesus veio a eles caminhando sobre o mar. Quando os discípulos perceberam caminhando sobre as águas ficaram com medo: 'É um fantasma!' disseram eles, soltando gritos de terror, mas Jesus logo lhes disse: 'tranquilizai-vos, sou eu, não tenhais medo!'. Pedro tomou a palavra e falou: 'Senhor, se és tu, manda-me ir sobre as águas ao encontro de Jesus'. Mas, redobrando a violência do vento, teve medo e começando a afundar, gritou: 'Senhor, salva-me!'. No mesmo instante, Jesus estendeu-lhe a mão, segurou-o e lhe disse: 'Homem de pouca fé, por que duvidaste?'. Apenas tinham subido para a barca o vento cessou." O que faltou a Pedro? Nitidamente verificamos que lhe faltou fé em si mesmo, a autoconfiança necessária para acreditar no seu potencial.

Aprendi ao longo de minha vida, e também com estudos e com a observação do comportamento das pessoas, que é preciso acreditar em si mesmo e no seu trabalho para que os outros também acreditem em você. Aliás, de acordo com uma pesquisa feita pela psicóloga norte-americana Amy Cuddy, as pessoas procuram as outras primeiro pela confiança que elas inspiram, e só depois a competência passa a ser um item decisivo.[14] Isso ocorre em qualquer relacionamento ou área. Por isso, é importante que você esteja bem consigo mesmo, tenha autoconfiança, tenha uma autoestima elevada e, sobretudo, irradie essa confiança para outras pessoas. Em outro estudo, Cuddy observou a expressão corporal das pessoas, concluindo que, quando um indivíduo muda essa expressão, isso se reflete também no seu humor e na sua energia, tendo consequências em sua autoconfiança.[15] Pessoas bem-sucedidas, por exemplo, têm o peito para frente, em uma postura mais ereta e firme, olham adiante e levam os ombros sempre abertos e elevados. É a famosa posição da Mulher Maravilha. Sem dúvida, são pessoas confiantes, seguras, com autoestima elevada. Se elas estiverem no seu caminho, você sabe que pode contar com elas.

Imagine que, ao atender um cliente em meu consultório, depois de fazer uma avaliação do que é preciso ser feito, eu diga a ele que não tenho muita certeza de que o tratamento vai dar certo, mas que irei fazer uma tentativa ou experimentar uma abordagem sobre a qual ainda não estou plenamente convencido. Como ele reagiria? Coloque-se no lugar dele. Você vai a um restaurante, pede um prato, e o garçom diz que vai *tentar* fazer seu pedido. Como você se sentiria? No meu caso, como profissional e especialista, tenho que ter plena certeza das minhas habilidades e capacidades. Pelo que estudei, pelos conhecimentos que tenho, sei o que estou fazendo e sei exatamente o que precisa ser feito para resolver o problema do meu cliente.

---

14. CUDDY, Amy. **Presença:** aprenda a impor-se aos grandes desafios. São Paulo: Actual, 2016.

15. CUDDY, Amy. **O poder da presença**. Rio de Janeiro: Sextante, 2016.

Eu tenho certeza de que vou conseguir fazer aquele trabalho, no tempo necessário, e, justamente por isso, acredito que vai dar certo.

Enquanto cliente em um restaurante, você tem o direito de fazer escolhas e de experimentar algo diferente, mas o garçom, o maître e o chefe do lugar têm a obrigação de atender o cliente da melhor forma possível, oferecendo exatamente o prato desejado.

Quando se trata de projetos pessoais, você também precisa ter essa certeza e essa convicção de que as coisas vão dar certo. Para isso você precisa se dispor a enfrentar todas as dificuldades, se preparar, trabalhar e ter garra para que o projeto dê certo. Você precisa acreditar, e isso está muito ligado à sua capacidade de realizar.

Mas de onde vem a confiança e a certeza de que as coisas vão dar certo? É claro que isso sempre terá de ser subsidiado por seus estudos, pela experiência que adquire, mas só isso não basta. Muitas pessoas têm conhecimento, experiência, mas não acreditam em sua capacidade, não têm convicção alguma de que são capazes de fazer grandes coisas. Ora, essa fé, essa crença e a certeza têm de vir de dentro de você, do seu *Eu* superior. Ela é fruto da sua autoestima, que você precisa sempre trabalhar, do autoconhecimento, como já falamos anteriormente, e do ânimo com o qual você ilumina suas decisões. Tudo isso fortalece sua autoconfiança e seu desenvolvimento, permitindo que você consiga visualizar aquele *resultado final* como se já tivesse sido atingido, como dissemos. Quando você acredita, nos termos e no sentido que estou colocando aqui, é como se você *entrasse* na cena do seu sonho, como parte integrante da sua visão positiva de futuro, realizando-o em tempo real. É essa imagem que você deve manter na sua faixa de vibração e que deve ser usada como combustível da sua crença e da sua confiança.

Mesmo que não esteja totalmente preparado, você precisa acreditar que no caminho você irá completar o seu desenvolvimento.

Tão importante quanto acreditar nisso é dar início à jornada, porque, se você fica esperando o momento ideal, isto é, esperando que todas as condições ideais estejam reunidas, você não começa jamais, porque nunca tudo é plenamente favorável. Sempre tem uma ou outra coisa que não está do jeito adequado, mas você tem que estar determinado, acreditando que vai chegar lá. Por isso, é primordial que confie com todas as suas forças em você mesmo para que os outros também possam confiar.

É só quando acredita em si mesmo que você cresce, se desenvolve e prospera. Veja o que aconteceu comigo: depois que tive aquele insight no aeroporto de Porto Alegre, muita coisa na minha vida mudou. Não posso afirmar que estava totalmente realizado na época, uma vez que sentia que faltava algo, mas posso dizer que naquele momento tinha uma boa vida, sentia-me feliz, tinha me formado em odontologia e, no âmbito de uma cidade pequena, eu até poderia dizer que estava muito bem, certamente com a vida profissional encaminhada. Eu não me sentia satisfeito pois tinha objetivos maiores para minha vida. Foi quando decidi estudar muito e fazer provas em várias regiões do Brasil para entrar em uma especialização, e tive a felicidade de ser aprovado na Universidade Cidade de São Paulo. Foi uma alegria imensa, por um lado, mas exigiria um esforço enorme, por outro, pois teria de me deslocar toda semana de minha cidade para São Paulo. Eram aproximadamente 2.600 quilômetros, duas vezes por semana, em um período em que eu já tinha uma família formada, com dois filhos pequenos.

Muitos amigos e familiares disseram que eu estava louco, que não precisava fazer aquilo e questionavam meu comportamento, minha mudança, sem entender o que afinal eu estava buscando: "Estudar mais para quê?", lembro de perguntarem-me. Mas aquela era a decisão que havia tomado. Eu compreendo aquele questionamento todo. De modo geral, as pessoas se contentam facilmente com o que têm. O universo de cada um é proporcional aos seus sonhos e aspirações, e eu na minha imaginação *me via* maior, *eu me via* conquistando coisas para mim e para minha família – em uma vida diferente daquela que tinha. Essa era uma certeza muito forte que eu nutria.

Outra dificuldade dessa decisão, além da distância e do tempo, eram as mensalidades, bastante altas para os rendimentos que eu tinha na época – sem falar nas despesas de viagem e de hotel, que teriam também de ser computadas, e dos períodos que eu teria de me ausentar da família e do consultório, por conta das aulas, o que faria com que minha receita diminuísse. Ou seja, tudo me era desfavorável. Eu tinha todos os motivos para desistir e continuar fazendo o que fazia, levando aquela vida em que, supostamente, nada faltava. Mas, quando coloquei isso tudo em uma balança, seria muito difícil conviver com a insatisfação que aquela vida me proporcionava, sem contar o fardo do remorso que teria de carregar por não ter tentado algo diferente. O fato é que por conta disso tudo eu tomei a decisão, com base na certeza e na confiança de que iria conseguir, com a convicção de que teria condições de pagar as mensalidades e, como em um plano geral de um filme, com a crença de que iria realizar aquela minha visão e ter a vida que queria e que estava buscando.

Para minha surpresa, assim que comecei a fazer o curso em São Paulo, as coisas começaram a mudar e a melhorar. Isso só aconteceu porque partiu de uma determinação e de uma decisão minhas, de uma crença muito forte de que, se estudasse, eu aumentaria o meu nível de conhecimento e conseguiria mudar os resultados da minha vida. E foi de fato o que aconteceu. A partir dali, eu comecei a ter mais clientes, uma renda melhor, de modo que aquela mensalidade do curso, que era relativamente alta, acabou se tornando irrelevante frente aos novos resultados que eu estava obtendo.

Tudo aconteceu porque eu tinha a certeza de que conseguiria fazer o que queria e precisava e porque tinha a convicção de que seria capaz. Ou seja, acreditava, e muito, em mim mesmo. Sucessivas vezes, me lembrava da minha querida mãe quando me dizia: "Repita sempre: EU POSSO!".

Acredite no seu propósito, seja o protagonista da sua história

O seu propósito é mais que um desejo. É algo que dá sentido à sua vida e à sua trajetória, conecta aspirações e coisas que são importantes e que valem a pena. Um desejo muitas vezes é uma aspiração vaga, passageira, fruto de uma vontade momentânea. Já o *propósito* é uma espécie de missão de vida, algo que você quer viver e realizar. Logo, você precisa acreditar no seu propósito, pois é ele que dará sentido a sua vida. Esse é um ponto crucial da proposta deste livro. Ter um propósito faz toda a diferença. Quando ele é claro, tudo o que você faz, ou pelo menos as coisas que faz com mais regularidade, ganham um sentido todo especial. Se você cursa uma faculdade, por exemplo, seu propósito inicial é se formar naquela área e ter um diploma que permita a você exercer seus conhecimentos em determinada empresa ou setor do mercado. Quanto mais paixão você tiver por essa atividade, maiores serão as chances de você se tornar um profissional competente e renomado. Esse é um aspecto básico de nossa vida. No entanto, quantas pessoas você conhece que atuam ou vivem de acordo com um propósito claro, que dê a elas um sentido na vida que transcenda seus afazeres cotidianos? Na verdade, a maioria trabalha por um salário, fazendo coisas que não têm nada a ver com suas aspirações – muitas vezes, talvez na maioria das vezes, isso acontece porque essas aspirações não são claras. Sem saber o seu propósito, você não consegue crescer nem se desenvolver.

Tenho para mim que as duas datas mais importantes na vida do ser humano são o dia em que ele nasce e o dia em que descobre o seu propósito no mundo. O dia do seu aniversário eu não tenho dúvidas de que você sabe qual é e, provavelmente, o comemora. Mas qual é o seu grande sonho? O que é que faz os seus olhos brilharem quando você pensa em fazer algo importante em sua vida? Você sabe quando descobriu isso?

Se você descobre qual é o seu propósito – e minha expectativa é que você se dedique a ele depois de ler este livro –, precisa comemorar e, mais do que nunca ter fé e certeza de que vai realizá-lo, por mais difícil que ele seja ou por mais que alguns digam a você que ele é uma loucura.

Se você ainda não sabe qual é seu propósito, faça agora mesmo um pacto consigo mesmo e a partir desse instante comece a pensar de maneira obsessiva (quando for dormir, quando estiver acordado, quando não estiver fazendo nada, em qualquer hora e lugar) e tente responder:

- O que é que você quer fazer na vida?
- Por que faz as coisas que faz?
- Você encontra sentido nas coisas que faz?
- O que perdeu totalmente o sentido, mas você ainda mantém em casa, na vida ou na rotina?
- Qual a sua maior razão de viver?
- O que você realmente ama fazer?
- Se não tivesse nada com que se preocupar, se sua vida estivesse totalmente em ordem, sem problemas financeiros, bem de saúde e em um ótimo relacionamento, como você gostaria de viver?

São perguntas simples, algumas aparentemente ingênuas, mas, se você respondê-las com seriedade, começará a perceber o que é que está fazendo sentido em sua vida e o que deixou de fazer.

Como eu disse, a busca e a realização do seu propósito são a essência deste livro. Quando você respondeu às perguntas que fiz há pouco, observou o sentimento que cada resposta suscitou? É o ânimo com que você respondeu que vai dizer o quão próximo ou longe você está do seu propósito.

Quando você fala do seu trabalho, qual o sentimento que prevalece? É um sentimento de desconforto, um mal-estar, uma vontade de mudar de assunto ou um sentimento de euforia e de vontade de falar mais sobre isso? Quando acorda pela manhã, com que espírito ou sentimento você sai da cama? A vontade é de voltar a dormir ou de ir logo fazer as coisas que precisam ser feitas?

Quem tem propósito acorda motivado, tem alegria, tem ânimo, tem gratidão e quer logo sair da cama e fazer as coisas.

Você precisa descobrir e captar quais coisas e pessoas o animam e quais atividades e pessoas o estimulam neste momento. Digo neste momento porque é comum que com o passar do tempo a gente vá mudando um pouco os objetivos. Eu, por exemplo, sempre fui muito apaixonado pela minha profissão, já tenho mais de trinta anos de atividade e, na verdade, continuo gostando do que faço, mas hoje também me anima ministrar palestras, falar sobre propósito, ousadia e ânimo, enfim, e escrever um livro como este. Escrever é uma atividade que, quando penso sobre ela ao me levantar, me sinto estimulado, quero logo desenvolver ideias, esboçar pensamentos, fico realmente tomado de alegria por estar fazendo algo que traz um sentido enorme e especial a minha vida. De acordo com as fases da nossa vida, podemos mudar ou incorporar outros objetivos. Faz parte do processo.

Você precisa encontrar o seu propósito, descobrir o que faz sentido em sua vida. Lembre-se que o propósito está relacionado ao que você ama fazer, e ama a tal ponto que faria isso até de graça, se não precisasse de mais nada na vida. Diferentemente do que dizem, não é o dinheiro que vai definir o seu propósito, mas aquilo de que você gosta e que quer fazer. Me entristece quando ouço uma pessoa dizer que queria fazer determinado curso porque dá dinheiro, mas que, no fundo, sua vontade era fazer outro que não possui um retorno tão vantajoso. O dinheiro não é o mais importante. É claro que em certos momentos você precisa se equilibrar financeiramente, sei que não dá para jogar tudo para o alto da noite para o dia, mas, sem dúvida alguma, dá para trabalhar seus sonhos, mapear seu propósito, planejar as etapas e, aos poucos, ir realizando-o pedaço por pedaço, até você chegar lá.

Sempre comento que é mais recompensador fazer o que você gosta em vez de aquilo que apenas dá dinheiro.

Para ilustrar, vou contar uma história verídica, com os nomes alterados para preservar as personagens. João era locutor de uma pequena rádio e era apaixonado por uma moça, cuja família não queria o namoro por acreditar que ele não era digno de namorá-la, uma vez que seus ganhos financeiros não seriam suficientes para sustentá-la e dar a ela o conforto que tinha na casa dos pais. Mesmo assim, contrariando a família, ela continuou o namoro e eles se casaram. Passado algum tempo, eles se mudaram para uma cidade maior. Lá, João se destacou devido a sua bela voz e recebeu a proposta de trabalhar em uma rádio estatal. Com o tempo, prosperou e começou a ganhar muito dinheiro (acima do que ganharia, na época, um locutor de rádio). Começou a trabalhar como freelancer nas horas de folga, a fazer apresentações e foi muito recompensado financeiramente por realizar seu trabalho com muita paixão. Com o tempo, adquiriu estabilidade financeira, construiu um patrimônio, e isso lhe permitiu ajudar a família da sua esposa, que de início não queria o namoro, justamente porque ele não tinha condições financeiras.

Não quero dizer nem sugerir que dinheiro não é importante na vida das pessoas. Sem dúvida, ele é, mas não deve ser o único fator a ser considerado na hora de decidir o que você deve ou quer fazer. Se a escolha estiver entre ganhar dinheiro e realizar o seu sonho, prefira realizar o seu propósito, porque a chance de você ganhar dinheiro com ele costuma ser bem maior do que quando você faz as coisas apenas por motivação financeira.

Quando você faz o que gosta e se destaca naquilo que faz, o céu é o limite. E isso independe da sua profissão.

Por outro lado, se você olhar em volta, vai reparar que há muitos funcionários públicos, médicos e dentistas frustrados, e vários outros profissionais na mesma situação, que escolheram essas profissões não porque elas representavam o propósito de vida deles, mas porque eles acreditavam que iam ganhar dinheiro ou ter alguma estabilidade nessas carreiras. Ou ainda porque seguiram carreiras escolhidas por seus pais – realizando então os sonhos dos pais e não os próprios. Será que foi assim que essas histórias terminaram? Tem muita gente que está no lugar errado, que escolheu esse lugar por dinheiro, mas que hoje anda frustrada e não descobriu sequer o porquê de se sentir assim. Talvez por um breve período isso tenha funcionado, mas, com o passar do tempo, a insatisfação vai aumentando, a pessoa não encontra sentido no que faz, os problemas de saúde começam a aparecer, acompanhados de frustração, melancolia e abatimento – tudo reflexo da falta de propósito.

Faz algum tempo, havia uma mulher que trazia seus filhos para realizar tratamentos ortodônticos comigo. Acabamos ficando amigos. Ela percebeu que eu trabalhava bastante e ia até altas horas da noite no consultório. Realmente, eu trabalhava, em média, de dez a doze horas por dia. Certa ocasião, ela me disse: "Mauricio, eu percebo que você gosta muito de dinheiro, não é?". Eu me espantei com aquela observação e perguntei por que ela pensava aquilo. Ela me disse que era porque me via trabalhar muito, com muita dedicação. Então respondi que sim, ela tinha razão, eu realmente gosto de ganhar dinheiro, até porque o dinheiro pode proporcionar muitas coisas. Mas, mais do que isso, disse a ela: "Eu gosto mesmo é do meu trabalho". E acrescentei algo que a surpreendeu: "Quando meus clientes vêm aqui, eu não estou nem um pouco preocupado com dinheiro. Eu fico feliz de vê-los porque sei que eles confiam em mim".

E isso é verdade, pois o meu único interesse nessa hora é fazer o melhor tratamento possível. "Eu amo o meu trabalho, se eu pudesse trabalharia 24 horas por dia no meu consultório, que é onde me sinto muito bem. Faço um trabalho que me completa como profissional e ser humano, e quero sempre fazer isso da melhor maneira possível. Quando finalizo um tratamento e vejo que consegui mudar a face de um paciente sem usar bisturi, sem cirurgia, só com técnica e aparelhos, realmente me sinto realizado. É algo de que muito me orgulho, porque sou mesmo apaixonado pelo que faço. O dinheiro é apenas uma feliz consequência." Ela ficou uns instantes em silêncio e depois me revelou que sempre pensava o contrário daquilo que eu havia dito. Primeiro vinha o dinheiro, que, no caso dela, era para que um dia, quem sabe, conseguisse investir em uma clínica que ela queria abrir, já que ela trabalhava com tratamentos alternativos e massoterapia, e assim ser feliz. Era esse seu sonho. Então eu lhe disse que precisava inverter a ordem desses desejos. Primeiro, ela precisava ser feliz fazendo o que fazia, e assim ela iria ganhar dinheiro também. É claro que é muito melhor ser feliz ganhando dinheiro, não é?

Pois bem, passado algum tempo, ela apareceu no consultório dizendo que queria me agradecer. Comentou que aquela conversa que teve comigo naquela ocasião mudou a sua vida. Após aquele episódio, disse: "Quando meus clientes me procuravam, eu deixava de pensar em ganhar dinheiro, pensava apenas em atendê-los bem, fazendo um bom trabalho, deixando-os realmente satisfeitos. Depois disso, minha agenda está sempre cheia". Tive a oportunidade de ser seu cliente também e, de fato, o lugar onde ela trabalhava tinha se transformado. Antes era uma sala pequena, no fundo de sua casa, e hoje há uma clínica no lugar. Em minha cidade, ela é uma das mais importantes profissionais de sua área, a massoterapia. Isso tudo aconteceu porque ela percebeu que o dinheiro é uma consequência de um serviço bem-feito, realizado com alegria e com o coração – e não o contrário.

Ou seja, quando você encontra o seu propósito, tudo muda. Às vezes ele está lá, meio escondido, e você não acredita nele, acha que um propósito por si só não é o suficiente, quando, na verdade, é tudo o que você precisa para transformar a sua vida.

A confiança e o ânimo determinam o futuro

Se você descobriu o seu propósito e se preparou adequadamente para realizá-lo, não há dúvida de que vai conseguir atingir bons resultados. Essa confiança, ou a certeza de que vai conseguir, é o que conecta você ao processo. Se não acredita que vai conseguir, chegará uma hora em que abortará a missão. Já se você se prepara, tudo parece fazer parte de uma única peça. Quanto mais preparação, maior a convicção e quanto mais convicção, maior clareza da visão positiva de futuro. E, então, as coisas acontecem!

Voltando ao exemplo que dei anteriormente, quando decidi me tornar um profissional destacado, minha situação emocional era exatamente a seguinte: eu era feliz, mas não estava satisfeito. Então, decidi fazer uma especialização e, com isso, elevar meu nível profissional, deixando de ser um dentista mediano para ser um profissional diferenciado. Essa era a visão que eu tinha quando estava na minha cidade. Lembra quando eu disse que, dependendo do caso, do momento e da situação, nós podemos mudar ou ajustar nossa visão? Pois foi o que aconteceu comigo. Quando comecei a fazer os cursos, ampliei meus horizontes. Passei a viajar, a sair daquele pequeno mundo em que vivia e comecei a ter contato com outras pessoas mais prósperas, com colegas e professores de maior experiência; tudo isso me animou ainda mais e fez com que eu tomasse a decisão de mudar de novo. Eu já não queria ser apenas mais um especialista. Aquela primeira visão que me fez mudar tudo já estava sendo ampliada. Eu queria mais. Além de especialista, eu desejava ser um profissional renomado na minha região e em minha área de atuação. E consegui alcançar todos esses objetivos, como já relatei antes. Acabei me diferenciando nas cidades e região onde atuo e recebi uma série de prêmios por ser o profissional mais destacado na minha área, tudo graças a essa visão que construí e acreditei que poderia realizá-la.

Para fazer isso, você precisa queimar seus navios.

Queimar navios! Você já ouviu essa expressão?

A frase vem do seguinte episódio. Em uma batalha de conquista, o líder de uma pequena frota precisava invadir um país, mas surpreendeu-se com a força em terra firme do bem armado exército inimigo: eram milhares e milhares de soldados, contra os quais sua pequena frota não teria muitas chances. Na verdade, para muitos ali naquelas poucas embarcações, diante daquele poderoso exército, o mais sensato seria voltar, fugir, abandonar aquela batalha.

O comandante, percebendo essa possibilidade, e diante da inevitável missão que tinha de cumprir, ordenou que todos os navios fossem queimados. Todos os tripulantes se surpreenderam, mas logo perceberam que, com aquela decisão, já não havia mais a possibilidade de fuga ou deserção: agora estavam todos *no mesmo barco*, em uma mesma direção, com um único intuito: vencer ou vencer.

A ideia por trás dessa decisão é que ao "queimar seus navios", você fica focado em um único objetivo. Sua atenção não mais se divide e é como se você não tivesse alternativa a não ser fazer o que precisa ser feito. No caso que eu narrei, mais do que nunca, eles precisavam vencer. Aquela era a única alternativa disponível, a que salvaria as suas vidas. Ali tiveram essa certeza. E por isso venceram!

Quais e quantos navios você vai precisar queimar para vencer na sua vida e obter resultados extraordinários?

Capítulo 8

Visão de futuro positiva e compromisso pessoal

Para realizar seus sonhos, você precisa assumir o controle das coisas que acontecem em sua vida, comprometido e autodeterminado a fazer o que for necessário para que sua visão se torne realidade.

Quando você tem um desejo, é fundamental que imediatamente se forme em sua mente a certeza de que você vai conseguir realizá-lo. Quando isso acontece, nasce um sentimento de gratidão. É disso que eu falava quando mencionei Albert Einstein e a importância da imaginação, e também Steve Jobs, que nos dizia da necessidade de conectarmos os pontos no futuro e de acreditar que eles vão se unir, além de Vincent van Gogh, que primeiro sonhava com sua pintura e depois pintava seu sonho. Isso tudo vem ao encontro do que a neurociência nos ensina.

No momento em que sonha ou deseja algo, você tem que começar a vivenciar aquela realidade na sua mente, já com um sentimento de gratidão. Gratidão não é simplesmente dizer "obrigado"; gratidão é acreditar que você já conseguiu aquilo que deseja. Significa dizer que você precisa sair do estado em que está hoje e *entrar no ambiente* da sua visão, vivenciando aquela realidade.

Por exemplo, se você deseja passar em um concurso, imagine-se fazendo a prova, vendo o resultado e o seu nome na lista dos aprovados. Imagine tudo o que vai acontecer. Pense nos seus familiares, nos seus pais, amigos e professores, enfim, em todas as pessoas que o acompanharam nessa trajetória. Imagine-os de maneira ativa, participando do seu sonho, da realização dele, cumprimentando e parabenizando você por ter alcançado aquela meta. Quanto mais detalhes, mais realista o sonho se torna: pense na divulgação da lista de aprovados, imagine-se encontrando seus amigos para comemorar aquele resultado ou vá até o local do novo trabalho, ou à sala de aula onde fará o seu curso, e pense nesse ambiente, nas pessoas que estarão lá e em como você vai se movimentar nesse espaço.

É absolutamente necessário que você vivencie isso da maneira mais realista possível. Se quer fazer uma viagem, digamos que deseja fazer um cruzeiro pelas ilhas gregas, saia, então, de onde está e comece a pensar no navio, nos compartimentos, na tripulação, imagine-se vislumbrando o mar, o horizonte, participando do "jantar do comandante", em traje de gala, de modo que isso seja praticamente palpável, como uma realidade pronta, apenas esperando por você. Se você deseja uma casa, imagine-a com todos os detalhes: tamanho, número de quartos, banheiros, piscina, formato das portas e janelas, os pisos de porcelanato; quanto maior a riqueza de detalhes, melhor. Porém, o mais importante é imaginar o que essa casa vai proporcionar a você em termos de convivência, de conforto para a família, para receber amigos, festejar conquistas etc. Sinta a cena tão real e vívida quanto possível.

Você precisa estar dentro do seu sonho para que ele se realize. Essa é a visão positiva de futuro mais perfeita. Mas não o imagine no futuro. Imagine-o acontecendo agora, neste exato momento.

Quando você estabelece uma visão de futuro (e é importante mantê-la ativa em sua mente!), pode então voltar à sua realidade presente e continuar a fazer as coisas que faz (além das que precisa fazer para construir sua visão). É nesse ponto que entra o tópico "desapegue-se", que eu mencionei no capítulo 5. Não se trata apenas de se desapegar do passado, de maneira aleatória. Quando você tem uma visão, esse *desapegar-se* funciona como uma estratégia. A ideia é que você mantenha consigo apenas aquilo que ajude a construir sua visão e deixe para trás tudo aquilo que o impede de realizá-la. Mas não traga suas angústias, seus medos ou ansiedade para esse plano. Siga a sua vida, faça o que precisar ser feito e não se preocupe em como vai conseguir chegar lá. Faça a "sessão de manifestação" e pare de pensar na imagem. Ela já está impregnada na sua mente subconsciente, que fará tudo para que ela se torne realidade. Desapegue-se agora e continue fazendo suas tarefas normalmente. Senão, você corre o risco de "travar" a imagem na sua mente, criando ansiedade e bloqueando a manifestação do seu desejo.

Este é um aspecto que também merece sua atenção: justamente por não saber como chegar lá, as pessoas acabam desistindo. Isso tem a ver com aquilo que o Steve Jobs disse: ligar os pontos do passado é fácil, mas acreditar que eles vão se unir no futuro, isso é realmente um desafio. Tudo o que você tem que fazer aqui é acreditar que as coisas vão acontecer. Não é com preocupações que você vai construir o seu destino. Tenha uma visão positiva de futuro e acredite nela, independentemente da situação que vive hoje. Se está empregado ou não, se está com problemas financeiros, se está infeliz no seu relacionamento, se tem algum vício, se está passando por problemas de saúde, nada disso deve impedir você de sonhar e de mentalizar a sua visão positiva de futuro. Mude o seu *mindset* e coloque-se na visão de futuro que você mesmo estabeleceu. E não se preocupe com *como* vai fazer as coisas acontecerem. Nesse momento, o Universo começa a mostrar caminhos sobre o que você precisa fazer para chegar lá. A questão é estar predisposto para isso, abrir-se para uma nova realidade e acreditar (muito!) que é possível realizá-la. Aqui entram a fé e a certeza absoluta (que está associada ao motivo), de que falamos anteriormente.

Quando você deixa de se preocupar com o *como*, o céu é o limite, e você pode sonhar e desejar o que quiser. Apesar disso, conheço muitas pessoas que não conseguem mudar sua vida, porque não descobriram o poder da visualização positiva. Esse é um ponto-chave do método VERSO. E por que essa visão precisa ser positiva? Porque o seu estado emocional, o sentimento que você vai ter com a visão positiva, dará o tom daquela realidade. Se você se vê aprovado em um concurso, com um sentimento de alegria e de satisfação, imaginando as pessoas que vão lhe cumprimentar, ou que darão as boas-vindas a você, é exatamente isso o que vai acontecer. É preciso que você tenha esse estado de espírito, esse estado de ânimo, nesta visualização. Quando a visão está animada pelo seu sentimento, você consegue manter o foco e se determina a alcançá-la. Por isso, é importante manter a visão e recorrer a ela seguidamente, com disciplina, como falamos antes. Disciplina não só na atitude, mas também na parte mental. Isso significa que todos os dias você precisa dedicar um tempo para visualizar essa imagem, imaginando-se dentro dela, com o máximo de detalhes que conseguir.

Se você não se determina em visualizar com regularidade (isto é, com disciplina) seu sonho, você acaba se esquecendo dele, deixa de alimentá-lo com aquele sentimento que o tornará possível. Se você não o alimenta, não o anima, é como se o pusesse em uma gaveta, como se perdesse aquele sonho e a chave para realizá-lo e, assim, o tirasse de sua faixa de vibração. Quando isso acontece, aquele sonho já não é mais uma visão de futuro, mas é só um pensamento, uma veleidade, um desejo quimérico, fadado a não se realizar, como sonhos passageiros em que pensamos com um ar nostálgico, quando dizemos: "Ah, que bom se fosse verdade...".

Esses sonhos não têm um sentimento forte e por isso não se conectam com o seu propósito. Logo, dificilmente se realizam.

Daí a necessidade de vivenciar todos os dias, com disciplina, a sua visão de futuro. Mantenha-a na sua faixa vibracional. O ideal é que você tire um tempo de quinze minutos a meia hora, todos os dias, para visualizar o seu sonho. Com isso você vai a cada dia fortalecer sua visão. Se estiver em um estado relaxado (o chamado estado "alfa") ou se puder meditar ao fazer isso, melhor ainda.

Às vezes me perguntam: como é possível visualizar um sonho, com um sentimento de alegria, se a pessoa está triste ou desanimada?

Minha recomendação é: procure uma situação em sua vida que o tenha deixado muito feliz – uma aprovação importante, o nascimento de um filho, um aumento de salário, uma viagem que fez etc. Pegue esse sentimento e o transporte para aquela visão que quer realizar. Pense nela com essa mesma animação. Não importa se esse sentimento se refere a algo que já tenha acontecido. Isso não é relevante, porque, como dissemos, nossa mente não diferencia o passado do futuro e nem o que é real do que é imaginação. Quando você realoca esse sentimento do passado para o desejo do futuro, você então vivencia essa experiência, fortalecendo a imagem para que ela aconteça de verdade em sua vida.

Aqui vai uma dica que pode ser bem útil nesse exercício. Muitas vezes acontece de a pessoa sonhar ou pensar tanto na visão que estabeleceu, mas de maneira excessiva e preocupada, que ela acaba se travando e transformando aquele pensamento e desejo em um sofrimento, pois não sabe como realizá-lo. Isso acontece porque ela se preocupa demais em encontrar os meios para concretizar aquele sonho e não consegue se achar no meio de tantas alternativas e incertezas. Às vezes, a pessoa está estressada, querendo sair da situação atual, está ansiosa, aflita, de modo que todo esse sentimento acaba se projetando no sonho, mas de maneira negativa. E o que acontece é que o sonho encrua, empaca, a pessoa não consegue se conectar mais com ele. Por isso, dissemos que, apesar da regularidade, da disciplina e da necessidade de manter contato permanente com a visão, é importante que isso aconteça apenas quando a pessoa está relaxada, sem preocupação alguma sobre *como* irá alcançar esse sonho – e depois se desapegue, desligue-se e vá fazer as suas coisas. Quanto mais relaxados e mais despreocupados, mais fácil será atingir a nossa mente subconsciente, onde os nossos desejos e aspirações devem estar claros. Em consequência, maiores são as chances de termos um insight, de encontrar uma boa ideia, de algum caminho se abrir e de o Universo se manifestar.

Isto já deve ter acontecido com você: cheio de preocupações sobre como vai resolver um problema importante, você acaba indo se deitar, dorme e de alguma forma acaba relaxando, até porque não tem realmente ideia de como vai resolver o tal problema. Então no dia seguinte você acorda e, *aparentemente* do nada, tem uma ideia, a solução perfeita para o problema. O que aconteceu? Como foi possível não ter encontrado aquela solução tão óbvia antes?

É simples, foi seu próprio cérebro que engendrou a solução. Já dissemos aqui que as respostas para suas perguntas estão dentro de você mesmo. O problema é que não damos muito crédito a elas. Quando entregamos os problemas para a nossa mente subconsciente e confiamos que *ela* vai encontrar uma solução, as coisas então acontecem *aparentemente* do nada. Talvez você possa ter a ideia de falar com alguém que lhe dê uma dica, ou de fazer um curso que o ajude a compreender o que precisa ser feito, enfim, muitas vezes as soluções estão nas pontes, isto é, nos meios que o levam a construí-las. E você só descobre isso quando deixa a sua mente subconsciente trabalhar para você. Evite usar a mente racional nesses casos; jogue o problema para a mente subconsciente. Use a mente consciente apenas para fazer as perguntas e deixe as respostas para o subconsciente. Elas virão em forma de sentimento ou intuição.

Outra possibilidade que pode ajudar você a criar alternativas e soluções, é pensar nas pessoas com as quais possa dialogar. Ter um coach ou um mentor pode ajudar bastante. Uma pessoa que o incentive, que o ajude a pensar, ou com quem você possa dividir essas questões, suas dúvidas, trocar impressões e informações. Via de regra, isso sempre traz bons resultados. O ideal é que você encontre pessoas que tenham alguma experiência na área que você quer conhecer ou na qualquer se aprimorar, ou que tenham obtido resultados relevantes nesse caminho. É importante que essas pessoas estejam na mesma faixa de ânimo que você – mas que não se sintam impedidas de orientá-lo, quando for o caso. O que você deve evitar são as pessoas negativas, que o põem para baixo e o desestimulam em seus empreendimentos.

Vale lembrar, como já disse, que todo esse movimento em direção à realização do seu sonho, ou seja, tanto o exercício da visualização quanto o exercício da gratidão, estimulam a produção das substâncias ligadas ao sentimento de felicidade e bem-estar, a saber: a serotonina, a endorfina e a dopamina, entre outras, que acabam formando um círculo vicioso (mas que pode ser lido aqui também como um círculo *virtuoso*) no seu cérebro, pois quanto mais você visualiza seu sonho, mais prazer e bem-estar sente.

O escritor Napoleon Hill, no livro *Quem pensa enriquece*, escreveu que quando temos um desejo, e queremos realizá-lo, ele tem de ser ardente, temos de pensar nele o dia inteiro, como o rapaz apaixonado pensa na garota que quer namorar. Vai dormir e acorda pensando nela. Ou vice-versa.

Todo esse movimento acontece por duas vias, uma física e outra mental. Você precisa estar envolvido nesse processo de corpo e alma. São dois caminhos: um que vai pela mente (imaginação) e outro que passa pelo seu comportamento (físico). Os dois caminhos têm de estar em sintonia, de modo que você possa se comprometer em alcançar os objetivos que almeja. É importante não perder de vista esse ponto. Como eu já salientei, sonhar é essencial e necessário, mas não é suficiente. Não basta, como alguns acreditam, ter apenas um pensamento positivo. Se você faz as coisas de qualquer maneira, sem capricho e dedicação, não adianta nada pensar positivo. Os dois caminhos precisam estar sintonizados e apontar uma mesma direção.

O autor norte-americano Wallace D. Wattles, no livro *A ciência de ficar rico*[16], afirma que para alguém ficar rico é muito fácil: "Tem que agir do modo certo", escreveu. Ou seja, tem de, basicamente, fazer as coisas de modo certo. De acordo com o autor, de cada dez coisas que você fizer, deve fazer pelo menos nove ou oito bem-feitas. Assim, a probabilidade de ter sucesso é muito alta. Ele ainda diz que o nosso sucesso é feito de microssucessos, por isso a importância de fazer tudo, sempre, da melhor maneira possível. Se, ao contrário, de cada dez coisas que fizer, sete ou oito forem malfeitas, então o fracasso é iminente, por mais positivo que seja o seu pensamento. Portanto, as atitudes físicas e mentais têm de andar juntas. Isso inclui cuidar do corpo, fazer concretamente o que precisa ser feito, cuidar do cérebro, ler pelo menos meia hora por dia (isso ajuda a mudar e a construir o seu novo *mindset*), de modo que você possa fortalecer sua visão de futuro.

Vale a máxima: você precisa fazer certo as coisas certas, no devido tempo de cada uma delas.

Não há como discordar disso.

A cena mais real e vívida possível

Quando tinha uns 16 ou 17 anos e estudava no seminário em Vale Vêneto, participei de um curso imersivo com um padre parapsicólogo que nos deu algumas palestras sobre *propósito* e nos falou, a mim pela primeira vez, sobre futuro e visualização. Ele nos apresentou várias técnicas sobre como lidar com o passado, como tirar dos ombros culpas e problemas, algo semelhante ao que digo aqui sobre morrer

---

16. WATTLES, W. D. **A ciência de ficar rico.** Rio de Janeiro: BestSeller, 2007.

ou se desligar do passado e, principalmente, sobre visualização, o que achei muito interessante e me foi, de fato, importante na época.

Em um momento do curso, ele pediu que imaginássemos como seria o carro dos nossos sonhos. Então nos orientou para que pensássemos em todos os detalhes desse veículo: a cor, a marca, modelo, como eram as rodas, o painel, se tinha som, que música iríamos ouvir nele, quem levaríamos para passear etc. Um exercício muito parecido com o que mais tarde vim a conhecer como *A cena mais real e vívida possível*, que consiste em ver o futuro com o máximo de realismo: a cor das coisas que queremos obter, ouvir os sons do lugar ou as vozes das pessoas, sentir o cheiro do ambiente, o tipo de iluminação, a textura dos objetos e até o gosto dos alimentos, se estiverem disponíveis.

A cena mais real e vívida possível será mais completa se você usar intensamente os seus cinco sentidos. Se pensar na casa dos seus sonhos, por exemplo, como ela seria? Você pode começar a imaginá-la a partir da cor das paredes, da textura da tinta, como se estivesse mesmo passando a mão sobre ela, pense no tamanho das janelas, nas vidraças, como elas seriam? Imagine as portas, qual será a altura do pé-direito, o tamanho do terreno, se vai ter piscina, quem irá nadar lá. Além da imagem, acople a essa visão seus sentimentos e emoções – euforia, excitação ou alegria. E pense, então, no motivo: o que você quer fazer nesse lugar? Esse é o motivo, o *porquê* de você querer essa casa. É nesse ponto que você constrói a certeza de que vai conseguir ter e habitar essa residência. Isso é importante porque o motivo é o que dá sentido para o que você quer ter ou fazer. Se você quer ter, por exemplo, um helicóptero apenas porque o seu vizinho tem um, isso não faz sentido. Basta se perguntar, portanto: você precisa mesmo de um helicóptero? Para quê? Se a resposta for apenas "porque o meu vizinho tem um", será um motivo fútil. Conheço pessoas que passaram a vida toda perdendo tempo atrás de coisas que não estavam nem de longe ligadas à essência delas. Talvez você possa conseguir isso, mas dificilmente se sentirá satisfeito, sobretudo porque isso está fora daquilo que estamos falando aqui sobre propósito e realização.

Voltando à palestra do padre parapsicólogo. Aquele foi um momento incrível de aprendizagem para mim e me fez entender a importância de olhar meus sonhos e desejos com o máximo de atenção e realismo. Naquele momento, porém, aconteceu algo curioso. Nessa época, minha intenção era ser padre, e os padres têm de fazer votos de pobreza. Quando o padre palestrante nos deu aquele exercício, eu comecei a projetar minhas crenças naquela visão, tentando me imaginar um padre bondoso, com uma paróquia, vivendo de maneira humilde, me esforçando para realizar aqueles votos de pobreza. Depois de um tempo, tive uma crise existencial, em que ficou claro para mim que aquele não era o meu caminho. Senti que Deus estava me dizendo: "Teu lugar não é aqui. Vai realizar a tua missão no mundo lá fora". Eu decidi, então, sair do seminário e tive que reprogramar algumas das minhas crenças. Por exemplo, durante todo aquele tempo, enquanto estava no seminário, minhas crenças estavam voltadas para uma vida simples, sem riquezas materiais. Eu via virtude na pobreza, algo que era reforçado inclusive pelos conselhos de minha mãe, que recomendava que a gente tivesse apenas o necessário para viver. E entre os padres isso era muito reforçado, pois eles não buscavam luxo, tinham uma vida simples e pregavam ideias como a de que "é mais fácil um camelo passar pelo buraco de uma agulha que um rico entrar no reino dos céus". Essas eram as crenças que sustentavam a minha vida naquele momento, o meu modo de ser e o meu próprio futuro. Durante muitos anos foi assim que vivi.

Quando eu me dei conta de que aquele não era o meu caminho e que algumas passagens bíblicas estavam sendo interpretadas de maneira diferente, tive que reformular e modificar minhas crenças. Por exemplo, eu também me via como filho de Deus, mas se Deus é abundância e, como Pai, Ele quer sempre o melhor para os seus filhos, então eu também merecia algo melhor, e isso me fez mudar muitas crenças. A partir daí, retomei aquele ensinamento do padre parapsicólogo e comecei a visualizar o meu futuro, mas agora de acordo com minhas novas aspirações – reais, verdadeiras, com um novo propósito, conectado ao que eu queria ser. Hoje entendo que somos feitos à imagem e semelhança de Deus, e isso se deve ao fato de sermos cocriadores da realidade que queremos, e não a uma mera semelhança física. Dessa forma, devemos acreditar que temos uma centelha divina dentro de nós, que nos afasta de todos os medos e nos faz crer em um Deus onipotente, onisciente e onipresente.

A partir daquele momento reformulei minhas crenças. E, já formado em odontologia, minha vida mudou e eu comecei a prosperar financeiramente, porque tive consciência e mudei alguns padrões ligados a dinheiro e ao merecimento.

Muitas pessoas passam a vida toda cultuando crenças e valores que não são condizentes com sua essência e seu propósito. E pior: pensam que a vida é assim, acreditam que não merecem ser felizes porque a vida é dura, e tudo o que têm a fazer é se conformar. Infelizmente, a pessoa é infeliz e *não sabe* que é infeliz – e acaba acreditando que é normal viver assim.

O ponto aqui é: a sua visão positiva de futuro precisa estar conectada com seu propósito. Se você é rico, mas está afastado do seu propósito de vida, se sentirá infeliz ou insatisfeito. Se os padres, por exemplo, fazem votos de pobreza, adotam um estilo de vida simples e se realizam nessa condição, não há nada de errado nisso, muito pelo contrário, eles estão sendo coerentes. Se a visão positiva de futuro deles é dedicar-se da melhor maneira possível a suas crenças, então faz todo o sentido esta opção. Se você se sente bem na sua condição, se tem consciência de onde está e de onde quer chegar, está tudo certo.

O problema é quando você faz coisas que o distanciam do seu propósito, ou quando você faz isso sem saber, sente-se infeliz e acredita que a infelicidade é uma condição natural da vida. Quando isso acontece, as coisas realmente não estão bem. E é muito provável que a sua visão positiva de futuro esteja desconectada do seu verdadeiro propósito.

Como empresário e profissional, por exemplo, tenho como propósito ajudar outras pessoas, e sou retribuído por isso, pois é dando que se recebe. Eu me entrego, faço o melhor trabalho possível e recebo por isso. Esse é o meu propósito. Eu me sinto muito bem agindo dessa forma. Nesse sentido, minha visão positiva de futuro, com a qual se conecta este propósito, é ser uma referência em minha profissão, ser reconhecido como palestrante motivacional para eventos abertos e *in company*, em médio prazo. Em longo prazo, quero criar um método próprio de transformação pessoal, desenvolvendo a espiritualidade e o autoconhecimento, de tal forma que eu possa ajudar pessoas a encontrarem o seu estado de ânimo, me sentindo, assim, plenamente realizado na vida pessoal e profissional.

Desenvolva uma visão de futuro positiva

Imagine o quão grande pode ser a sua vida. Neste momento, não ponha nenhuma limitação, não se prenda às suas condições atuais, muito menos se vai ter ou não condição (material, financeira, emocional etc.) de bancar esse sonho. Feche os olhos, imagine e visualize tudo o que gostaria de ter ou como gostaria que fosse a sua vida, sem limite algum. E, principalmente: não se preocupe com *como* isso vai acontecer. Apenas imagine tudo o que quiser e pense no resultado final.

Essa é a visão. É claro que isso vai variar de pessoa para pessoa – me refiro ao tamanho desse sonho e ao propósito de cada um.

Há pessoas cujo propósito é ter uma empresa com cinco funcionários, em um sistema enxuto, sem muito trabalho, algo bem pontual. Há quem vá querer ser proprietário ou presidente de um conglomerado de empresas, com dez mil funcionários. Essa pode ser a definição de uma visão, cujo propósito será construí-la passo a passo.

Qual é o seu propósito?

O que vai determinar tudo o que vamos fazer na vida são os motivos. São eles que nos dão a certeza absoluta de que vamos conseguir realizar nossos sonhos. O motivo responde a uma pergunta simples, mas fundamental: por que você quer fazer isto?

Por exemplo, digamos que você tem uma piscina na sua casa e seus filhos estão brincando dentro d'água. Você está passando próximo e eles lhe convidam para entrar. Porém, você tem um voo marcado, em um horário próximo para chegar a tempo na cidade onde terá uma reunião com seu melhor cliente, com a possibilidade de fechar um grande contrato. Você já está vestido, pronto para sair. Provavelmente, você não entraria na piscina, mesmo sendo uma tarde de muito calor você adorando a companhia dos seus filhos, uma vez que você perderia o voo.

Digamos agora, em outra situação, que você também tem um voo marcado, em um horário próximo para chegar a tempo na cidade onde você tem uma reunião agendada com seu melhor cliente, com a possibilidade de fechar um grande contrato, mas, ao dirigir-se até a garagem para pegar o carro, ouve gritos pedindo socorro de alguém que está se afogando. Com certeza você não hesitaria e voltaria correndo ao perceber a gravidade da situação e se jogaria na piscina na tentativa de salvar seu filho, mesmo que você corra o risco de perder o voo e a assinatura de um contrato milionário.

E por que você desta vez entraria na piscina? Porque o motivo é forte.

Quando tem um motivo forte, você se arrisca, perde o medo e às vezes pode agir de maneira impulsiva. Quando o motivo é forte e faz você agir, significa que você está muito perto do seu propósito.

Pense nas áreas da Roda da Vida e descreva seus mais ambiciosos sonhos e os motivos que o fariam realizá-los:

	Sonhos	Motivos
Emocional		
Familiar		
Saúde		
Social		
Hobby e Lazer		
Financeiro		
Intelectual		
Espiritual		
Profissional		
Solidário		

Comprometa-se com seus projetos

Quando você estabelece sua visão de futuro, tudo se interliga: onde você está, o que faz, aonde quer chegar ou o que deseja alcançar. Quando você visualiza sua vida em todos os aspectos (profissional, pessoal, financeiro, educacional, de saúde etc.), tem uma imagem clara – isso é muito importante! – e definida do que realmente você quer. Nesse momento, você precisa escrever essa visão, e à medida que escrever, você aumentará o seu comprometimento com essa visão, com seus objetivos, como se garantisse que realmente irá realizá-la.

Quando você escreve, está enfatizando o que quer e envia uma mensagem clara ao subconsciente e ao mesmo tempo, aumenta e reforça o seu compromisso com essa visão. Nesse ponto, você eleva também seu entusiasmo e a responsabilidade em realizar aquela ação. É tão verdade que isso funciona que, na vida diária da nossa sociedade, encontramos procedimentos similares a esses. Por exemplo, quando você vai a um banco fazer um empréstimo ou um financiamento, a primeira coisa que o gerente do banco ou os seus funcionários pedem é que você assine um contrato. Se você vai fazer um contrato de locação, você precisa assinar para que aquilo tenha valor. E o que é esse valor? É o seu compromisso de que vai honrar todas as cláusulas que estão naquele documento. Quando assina, você se compromete.

Uma pesquisa feita em Harvard, em 1953, perguntou a todos os alunos que estavam se formando quais deles tinham metas e, destes, quais tinham anotado essas metas. Na ocasião, apenas 3% disseram ter anotado essas metas. Passados vinte anos, a escola reuniu aqueles ex-alunos, agora profissionais, empresários e investidores, e reavaliou aqueles questionários. De acordo com a avaliação, aqueles 3% que tinham escrito suas metas valiam mais financeiramente do que os outros 97% dos ex-alunos juntos! Na época, foi uma surpresa, mas hoje sabemos que a razão é exatamente esta: quando escreve o que vai fazer, você se compromete e aumenta seu entusiasmo (você tem vontade de fazer!) e sua responsabilidade (você faz!).[17]

Portanto, se você visualiza seu sonho, escreva-o, ponha uma data e assine. A mensagem deve ser clara, deve ser escrita e tem que ter uma data para acontecer.

Em outra pesquisa, de 2008,[18] o Dr. Gail Matthews, da Universidade Dominicana da Califórnia, entrevistou 267 profissionais em todo o mundo (entre advogados, contadores, funcionários de ONGs, marqueteiros etc.) e verificou um aspecto interessantíssimo sobre as probabilidades de algo acontecer a partir do momento que você escreve ou regista seu sonho ou desejo em uma folha de papel. De acordo com essa pesquisa, as pessoas que escreviam suas metas e objetivos tinham 39,5% mais chances de atingir esses objetivos e metas em comparação às que não escreviam. Mas veja que interessante: para quem escreveu seus objetivos e os *compartilhou* com uma pessoa de sua confiança, a probabilidade de realizar aquelas metas e objetivos foi de 76,9%. Ou seja, quando você mostra, compartilha ou discute seus sonhos, suas metas ou sua visão com alguém de sua confiança (um mentor ou um coach, um amigo ou a esposa), suas chances de concretizar seus projetos praticamente dobram. Quando faz isso, você aumenta seu comprometimento, sobretudo porque agora você está assumindo, digamos assim, um compromisso público com uma pessoa de sua confiança, que eventualmente irá lembrá-lo de cumprir suas promessas. Torna-se uma questão de honra para você atingir seus objetivos.

---

17. RIBEIRO, L. **O sucesso não ocorre por acaso**. Rio de Janeiro: Objetiva, 1996. p. 99.

18. KELLER, G.; PAPASAN, J. **A única coisa**. Barueri: Novo Século, 2014. p. 138.

Minha dica aqui é: escreva uma declaração contando seus sonhos e desejos, nos moldes que falamos aqui, coloque uma data, assine esse documento e mostre a alguém de sua confiança para testemunhar esse compromisso. Não tenha vergonha das suas metas.

Pessoas bem-sucedidas controlam sua própria mente, de modo disciplinado, com ações físicas e mentais. Uma das melhores maneiras de controlarmos a nossa mente, com foco, é mantê-la ocupada com o propósito que definimos e elaborarmos um plano para a execução desse propósito. Para isso, você precisa ter uma visão de futuro e um motivo forte, atrelado a esse propósito que, por sua vez, será realizado a partir do planejamento de etapas que acontecerão ao longo do tempo (conforme as datas que você definir).

Nas empresas, isso é chamado de "planejamento estratégico". Portanto, de acordo com sua visão de futuro, suas metas precisam ser realistas e claras. Por exemplo: você quer um avião. Tudo bem, você pode ter um avião. Para quando você quer esse avião? Para amanhã? Ora, será mais difícil. Mas se planejar isso, mantiver essa imagem na sua mente e trabalhá-la com maestria, o Universo dará um jeito de ajudar você a conseguir esse avião no tempo certo.

A vontade de se preparar tem de ser maior que o desejo de vencer. Se você quer ter um avião ou ser um megaempresário, ou ainda ser um superpai ou uma supermãe, isso vai gerar um custo emocional e um comprometimento maior. Ou seja, você precisa estar preparado para realizar seu sonho.

Capítulo 9

A liberdade está na sua atitude

Você é a única pessoa no mundo que tem a chave para abrir o cadeado que o prende ao passado, às crenças limitantes, aos erros e ao medo de se lançar para a grande jornada que precisa empreender em sua vida.

O essencial é agir!

Para que os sonhos se tornem realidade, é necessário que tenhamos atitude e coragem para sair de nossa zona de conforto. O compromisso para realizar seu sonho exige trabalho, entusiasmo, determinação, dedicação e persistência. São suas ações que vão fazer a diferença. Sabemos que a ação é o que separa os sonhadores das pessoas que realizam coisas grandiosas. Por isso, aja agora! Este é o momento, pois não podemos agir no passado nem no futuro.

O seu esforço, porém, deverá ser proporcional ao tamanho de seu sonho. Sonho pequeno, esforço pequeno. Sonho grande, esforço grande. Você precisa decidir o que quer e estar disposto a pagar o preço. Para mudar sua realidade, você precisará agir com disciplina, constância e consistência. Precisará acreditar e caminhar sempre na direção de sua realização.

Nós só chegamos ao campo da vitória se persistimos e se não desistimos da luta. Você só consegue isso com disciplina e dedicação. A palavra-chave aqui é persistência.

Como estamos dizendo, agir é fundamental. Às vezes você olha longe, imagina futuros que parecem impossíveis e chega a pensar que o caminho é longo e difícil. Pois eu digo que não é. Todo caminho começa com um primeiro passo, e ele tem de ser dado a partir do lugar que você se encontra neste momento. A caminhada é uma construção feita de decisões, às vezes pequenas, mas fundamentais para o grande passo que você está prestes a dar.

Olhe em volta e veja em qual direção deverá ser dado esse primeiro passo.

O palestrante motivacional e escritor norte-americano Earl Nightingale, autor do livro, *O estranho segredo*, conta uma história inspiradora e real, que nos faz refletir sobre esse ponto. De acordo com Nightingale, um fazendeiro, cansado do trabalho doméstico e seduzido pela ambição de encontrar diamantes, vendeu suas terras e iniciou uma aventura de procurá-los em promissoras terras no continente africano. No entanto, o tal fazendeiro perambulou por toda a África sem nunca atingir o seu objetivo. Depois de algum tempo, cansado e falido, ele se jogou em um rio e morreu afogado. Enquanto isso, o novo proprietário da fazenda descobriu, por acaso, uma estranha pedra que, posteriormente, se revelou ser um enorme diamante. Por fim, o novo proprietário também descobriu que aquelas pedras podiam ser encontradas em toda a fazenda. A área então se converteu em uma mina de diamantes. Essa é a história da Kimberley Diamond Mine, a maior mina de diamantes do mundo.

Esse caso nos mostra que muitas vezes largamos tudo, saímos mundo afora sem um plano claro ou um propósito bem definido e trocamos de emprego acreditando que vamos prosperar mais, simplesmente porque saímos de onde estávamos quando, na verdade, só precisávamos fazer alguns ajustes em nossa profissão, ou na nossa empresa, ou mesmo olhar em volta com atenção e tentar entender o que é que estava nos impedindo de realizar o nosso sonho. Talvez com um pouco mais de persistência conseguíssemos realizar todos os nossos sonhos.

Abrace sua maneira única de agir

Cada um tem um jeito único de fazer as coisas. Isso está muito ligado à percepção que você tem do que quer fazer e de como quer ou precisa fazer determinada coisa. Será pelo seu autoconhecimento que você irá definir isso. Se quer sair de Florianópolis e ir para São Paulo, por exemplo, você poderá ir pelo litoral, por Curitiba ou por um caminho mais longo, via Bauru. Qual será o melhor? Aqui o que conta não é necessariamente o caminho mais curto, mas o que melhor atende às suas expectativas e possibilidades, o tempo disponível que você tem para percorrer esse caminho, em suma, o seu jeito de fazer isso, que estará muito ligado às escolhas que fizer. Qualquer um desses caminhos levará você ao seu destino, mas o melhor será aquele que se adequar à sua maneira de ser e agir. Isso não é algo que alguém de fora possa dizer para você: "Faça assim" ou "faça desse jeito porque eu fiz e deu certo". Não é assim que essas coisas funcionam. Essa é uma decisão sua, pensada, fruto do seu próprio planejamento e muito ligada à sua personalidade, valores e princípios.

Hoje se fala muito em modelagem, em seguir exemplos, e isso de fato é bom; você realmente pode aprender muito estudando e analisando outros comportamentos. Mas você não é um robô. Tudo o que aprender com os outros deverá ser adequado ou adaptado ao seu próprio modo de fazer as coisas. Quando descobre sua individualidade, você então começa a fazer as coisas certas do *seu jeito*. Ainda que todos busquem um mesmo destino para ir, o seu será sempre único, porque será do seu jeito, porque será o jeito pelo qual você respeita suas diferenças e sua identidade.

"O que fazer" é algo que pode ser tomado como inspiração, porém o "como fazer" é singular e único, é apenas seu. No entanto, com seu jeito único, é importante que você explore e aproveite todo o seu potencial. Se você trabalha como locutor, por exemplo, seu instrumento mais precioso é sua voz. Portanto, é nesse aspecto que você deve investir e se tornar único, com um estilo próprio, como os grandes locutores pelo Brasil e pelo mundo fazem. Da mesma maneira, grandes músicos ou empresários de sucesso estão muito mais preocupados em aprimorar as competências que são decisivas e fazem a diferença em suas áreas. Sem esquecer questões básicas como aparência, cordialidade e outras formas de socialização, comportamento e relacionamento. O que é decisivo para sua carreira é seu instrumento de trabalho, ou seja, seu conhecimento, sua técnica, seu jeito de negociar e seu talento em fazer as coisas de maneira bem-feita. Esse é seu capital. E é nele que você deve apostar. Do contrário, se investir tempo em aspectos periféricos, você acaba enfraquecendo aquilo que tem de mais importante para seu trabalho. Por isso, não gaste seu tempo investindo em coisas que são incompatíveis com seu jeito de ser. Respeite e valorize sua individualidade, dê espaço na sua vida para ela. Se matemática é o seu forte, não faz muito sentido *investir* em história ou geografia. Pense em que áreas você se sentiria mais realizado, e em como poderia tornar isso possível. Invista no seu potencial. Lembre-se do que falamos: às vezes você está no lugar certo, mas não está fazendo as coisas do jeito certo. Ou o contrário.

Você só descobrirá o seu melhor jeito por meio do autoconhecimento.

Ações pessoais que fazem a diferença

Um aspecto que se relaciona com investir no que você tem de melhor é o treino. É isso o que ajuda você a aprimorar suas capacidades.

O escritor canadense Malcolm Gladwell fala sobre isso no livro *Fora de série,*[19] em que denominou a ideia como a "Teoria da das dez mil horas". Segundo ele, o sucesso não acontece de uma hora para outra, não é em um relâmpago nem depende de sorte, dom ou talento,

---

19. GLADWELL, M. **Fora de série**. Rio de Janeiro: Sextante, 2008.

mas sim de muita dedicação e treino. No livro, baseado em pesquisas que realizou, Gladwell menciona uma série de profissionais, artistas e atletas que obtiveram sucesso após muito treino, independentemente do talento que tinham. Isso inclui, de acordo com ele, gente como Mozart, Os Beatles, Bill Gates, Steve Jobs, entre outras personalidades. Isso obviamente não tira o mérito nem a genialidade desse pessoal. Apenas reforça a tese de que, a despeito do seu talento, é fundamental treinar, e muito, se você quiser ter sucesso. Se você pensar em Pelé ou em Picasso e for pesquisar a vida deles, vai descobrir que por trás das jogadas geniais do atleta ou dos maravilhosos quadros do mestre havia um profissional dedicado, determinado, que estudava e praticava incessantemente sua arte – segundo Gladwell, por pelo menos umas dez mil horas.

Treinar é o mais forte pilar da ação. Consiste em fazer repetidamente algo que você já faz, mas com o intuito de que possa fazer cada vez melhor. Quando você faz algo cada vez melhor, você se transforma em um especialista único.

Que coisas você faz de um jeito único, exclusivo e só seu? Coisas que as pessoas veem e admiram dizendo: "Desse jeito, só ele mesmo!".

Escreva algumas delas aqui:

Houve um tempo, quando ainda não havia me especializado, em que eu não estava satisfeito com os resultados que estava obtendo, e foi então que me dei conta de que a vida que eu estava levando era resultado da forma como eu pensava e agia. O mundo externo era uma projeção do meu mundo interno, o que incluía pensamentos, imagens e atitudes. Percebi que só haveria um jeito de mudar aquele meu estado de ânimo, o que implicava mudar meu mundo interior. Para mudar, eu precisava modificar minha conversa interna, quer dizer, precisava me abrir, buscar novas referências, questionar meus conceitos e minhas supostas verdades. Esse é um exercício de coragem e requer que você questione e mude as próprias crenças. Mudar é difícil e trabalhoso. Exige desprendimento, humildade e, claro, muita força de vontade. No meu caso, comecei a ler mais ainda, decidi retomar meus estudos, fui fazer especialização e mestrado, buscando sair daquela zona de conforto que, embora me desse alguma segurança, me deixava insatisfeito. Eu queria ser um profissional destacado. E, graças a meu esforço, consegui!

Se você quer maestria, precisa buscar um jeito melhor de fazer aquilo que já faz. As pessoas irão contratá-lo pelos resultados que você pode proporcionar a elas. Esse é um ponto importante. Resultado é o que conta. Se você precisa fazer algo, que faça bem-feito. Se, de cada dez coisas que você fizer, pelo menos nove forem bem-feitas, certamente você estará fazendo um bom trabalho. No entanto, nem precisamos ser muito inteligentes para perceber que, se de dez coisas que você fizer, apenas três ou quatro forem bem-feitas e o restante for feito de qualquer jeito, a tendência de insucesso será marcante. Decidir fazer bem-feito deve ser uma característica do seu propósito, que inclui o seu jeito de ser.

Uma pessoa que se disponha a mudar seu comportamento conseguirá influenciar ou sugerir mudanças no comportamento daqueles com quem convive. O comportamento da mudança é contagioso. Tem quem se oponha a ele, mas há certamente quem o apoie e o incentive. Você deve buscar sempre pessoas que estão do seu lado. Como aprendemos com a psicologia, no momento que você muda, essa mudança se projeta no ambiente externo. Se algo não vai bem na sua casa, por exemplo, experimente mudar o seu comportamento. Às vezes o seu filho não está dando a atenção que você gostaria que ele desse, mas como será que você está dando atenção a ele? Como você trata sua esposa ou marido? Experimente mudar seu comportamento e de imediato irá perceber os reflexos no ambiente.

Mudar o layout, reformar a aparência dos ambientes da própria casa ou empresa, trocar de móveis, mudar a cor das paredes, enfim, isso é muito fácil e não garante, de fato, aquela mudança que precisamos fazer na vida. O difícil é mudar a forma de agir das pessoas, a forma de pensar. É essa mudança interna que vai gerar a mudança no exterior que você busca. Se você muda, as pessoas que convivem ao seu redor também mudam. O entusiasmo, assim como o desânimo, é contagiante.

É importante que essa mudança reflita sua essência, isto é, seu jeito pessoal e singular de fazer as coisas.

Adote atitudes vencedoras

Atitudes vencedoras são aquelas que levam em consideração a maneira como você pensa, sente e age. São comportamentos com significado e que trazem sentido tanto ao que somos quanto ao que fazemos. Durante um dos cursos que fiz, lembro-me de um professor ter dito algo que me fez olhar de outra maneira para as coisas que eu estudava e aprendia. "Claro que é importante fazer cursos e aprender sempre coisas novas", disse ele. "Mas vocês precisam chegar em casa, ou nos seus consultórios, e começar a usar logo a nova técnica que aprenderam, isto é, vocês precisam pôr em prática esses conhecimentos, aplicá-los de alguma forma. Se passarem muitos dias, vocês não saberão mais como fazer e aquilo que aprenderam acaba caindo no esquecimento." Hoje percebo o quanto isso é importante. Vejo pessoas participando de cursos, palestras, fazendo uma série de desenvolvimentos comportamentais e suas vidas não mudam. Você conversa com essas pessoas, às vezes se impressiona com aquele conhecimento, mas seus discursos são vazios, pois elas continuam fazendo as mesmas coisas e nunca saem do lugar em que estão.

Se não pratica o que aprende, você não transforma sua vida. É como aquelas pessoas que sonham, planejam, mas não põem em prática o que querem realizar. Fazer é o que torna realidade seu sonho.

Uma participante de minhas palestras, Cristiane, que aqui teve seu nome trocado por questões de segurança e privacidade, deu um depoimento muito interessante sobre a importância de escrever seus propósitos e de depois aplicá-los em sua vida. Ela participou de duas apresentações minhas. Na última, ela me procurou e fez o seguinte relato:

O método que você ensina na palestra mudou a minha vida. Coloquei em prática e realmente funcionou. No início, foi difícil porque me fazia pensar. E pensar é difícil, dá trabalho. Mas, com insistência, fui colocando no papel, escrevia qual era meu propósito, pensava sobre quem eu era e onde queria chegar, com o máximo de clareza possível. Fui fazendo isso e colocando em prática aquilo que anotava, com o intuito de fazer exatamente o que você dizia nas palestras. Aquilo ficou gravado na minha mente e hoje estou feliz e realizada. Tomei as decisões que precisava tomar, dando novos rumos a minha vida, e agindo de acordo com as decisões tomadas. Muitos me olhavam de um jeito estranho, talvez imaginassem que eu fosse meio louca quando me viam anotando minhas metas, meus sonhos, e eu absolutamente focada em fazer o que estabeleci para mim. Faço isso em qualquer lugar, no metrô, no elevador, no escritório, e mudo o meu estado de ânimo a cada vez que leio minhas metas. Hoje faço meditação todos os dias, procuro me desapegar, reaprender, inclusive anotando meus objetivos naqueles cartõezinhos que você sugere nas palestras.

Atitudes vencedoras devem ter sentido e significado. Devem ser praticadas com propósito e entusiasmo, com um plano preestabelecido, e de acordo com o seu jeito, o seu estilo e a sua disposição.

Use sua inteligência emocional

Não basta ser bom no que faz. Os aspectos técnicos são importantes, mas não são os únicos que vão ajudar você na sua trajetória. Se você faz bem o seu trabalho, atinge suas metas, mas não se empolga e nem se satisfaz com isso, então alguma coisa não está bem, e isso tem a ver com o seu emocional. Ou se, para atingir seus resultados, por melhores que eles sejam, você precisa se indispor e discutir com as pessoas, isso de alguma forma se refletirá no seu ânimo – e no delas –, gerando um ambiente ruim e desconfortável para todos. Em um ambiente em que se convive com outras pessoas, você precisa ter uma relação harmoniosa com elas. Respeitar as diferenças, ser flexível, reconhecer erros próprios e méritos alheios são aspectos que fazem de alguém uma pessoa emocionalmente madura e inteligente.

De modo geral, as pessoas são contratadas por suas habilidades técnicas, mas, de acordo com relatos de diversos profissionais de recursos humanos, a maioria das demissões nas empresas ocorre por falta de equilíbrio emocional dos funcionários. Por conta disso, as empresas investem cada vez mais na contratação de palestrantes, que falam sobre atitudes e comportamentos e sobre como usar sua inteligência emocional. Não faz muito tempo, vale lembrar, as empresas, para dar mais conforto e qualidade de vida a seus funcionários, investiam em ambientes mais ergonômicos, mais práticos, tentando criar as melhores condições para que seus colaboradores pudessem se dedicar mais ainda ao trabalho. Investiam em treinamentos sobre como melhorar o desempenho e a produtividade, com as técnicas mais avançadas disponíveis, mudavam o exterior, mas acabavam se esquecendo do interior, daquilo que dizia respeito direto às pessoas, do que realmente as motivava.

Hoje isso mudou, e boa parte das empresas e o mercado de um modo geral valorizam muito mais quem tem conhecimento e domínio de sua inteligência emocional, do que apenas habilidade técnica. Inteligência emocional é um insumo decisivo para o ambiente das empresas. Um dos grandes desafios do mundo corporativo, por exemplo, é reter o bom funcionário – aquele que sabe fazer as coisas de maneira bem-feita, mas que muitas vezes é demitido por não ter inteligência emocional suficiente, ou seja, por não saber se relacionar, não aceitar ordens, não ter respeito pelos colegas e nem pelos processos da empresa. As empresas não querem perder esse profissional, mas também não estão dispostas a bancá-lo e correr o risco de comprometer o ambiente de seus negócios.

Sem dúvida, quem tem um bom nível de inteligência emocional consegue trazer resultados mais interessantes para si e para as empresas. Se você se altera diante de um cliente impaciente, a chance de as coisas darem errado são muito grandes. Se você tenta entender o cliente, dando a ele razão nos pontos em que ele merece ou explicando com paciência os procedimentos da empresa, é bem possível que as coisas cheguem a um bom termo. Talvez nunca como nos dias de hoje o uso da inteligência emocional foi tão necessário. Como você sabe, as pessoas hoje discutem por qualquer coisa. Os ânimos andam acirrados e quase não conseguimos mais conversar com quem pensa diferente de nós. Isso acontece porque há muita dificuldade e resistência em aceitar aquilo que contraria a nossa opinião. Não é porque um amigo ou parente pensa diferente que ele é seu inimigo. Divergir é parte do processo. Aceitar a diferença é usar com sabedoria sua inteligência emocional.

Isso inclui rever suas condutas, repensar suas posturas e re-conhecer, principalmente, certos erros de tratamento. Eu mesmo, nestes mais de trinta anos de exercício da odontologia, perdi alguns clientes não por conta de alguma incapacidade ou inabilidade técnica – afinal, sempre investi em cursos e mantenho-me atualizado até os dias de hoje –, mas por uma certa incompetência emocional minha. Às vezes uma palavra mal colocada ou o uso de uma expressão mais ríspida eram suficientes para que eles se sentissem desconfortáveis.

Se você percebe isso, pare agora e reveja seus atos. Tente en-tender o ponto de vista do outro (um cliente, um familiar, um amigo), experimente se colocar na perspectiva dele e observe suas diferenças. Tenha em mente que, em uma relação, o que mais importa não é ter razão, mas conviver em harmonia e de maneira respeitosa, cada qual com suas convicções. Esse é o melhor exercício para você trabalhar e desenvolver a sua inteligência emocional.

Estratégia para os objetivos e gratidão pelas conquistas

Se você observar empresários e profissionais de sucesso, vai perceber que todos têm metas e, para cada meta, existe um jeito de alcançá-la, um conjunto de etapas que, percorridas, levará ao objetivo almejado. Isso é estratégia. Esse objetivo ou meta, de uma perspectiva mais global, é sua visão de futuro, que, para ser alcançada em sua totalidade, deverá ser fragmentada em objetivos menores a serem alcançados gradativamente.

Você precisa ter a sua própria estratégia, isto é, estabelecer os meios e as formas que irão funcionar para você, de acordo com seu estilo, conforme suas rotinas e ajustados ao tempo que você tiver disponível. Ou seja, você precisa encontrar mecanismos que possa adaptar a sua forma de trabalhar e o seu equilíbrio emocional, avaliando sua condição e capacidade de alcançar aquelas metas.

Esse é um momento importante da construção da sua visão. Você não precisa fazer tudo de uma vez. Faça aos poucos, faça bem-feito, mas faça, no seu ritmo e conforme sua disposição.

Há pessoas que preferem trabalhar bem cedo, outras preferem se ocupar à noite, porque é um período em que rendem mais, um momento mais silencioso, o que lhes permite maior concentração, enfim, você precisa encontrar o melhor momento para aplicar seu melhor jeito de fazer as coisas, usando todas suas potencialidades.

Como já comentamos anteriormente, o planejamento estratégico das empresas inclui, entre outras coisas, transformar sua visão de futuro em metas. Ou seja, como ir do ponto A ao ponto B – estabelecendo quais caminhos serão percorridos, o que você precisa fazer para caminhar, quanto tempo precisa para alcançar cada etapa da caminhada e assim por diante. Quando monta uma estratégia e segue à risca o que foi planejado, você mantém o foco e alimenta a caminhada conforme vai atingindo ou realizando as etapas preestabelecidas.

Porém, você precisa ter clareza quanto a este ponto: não confunda metas com tarefas. Tarefas são trabalhos que você precisa fazer para completar ou atingir suas metas. É importante destacar essa diferença, tendo em vista que alguns, em razão da necessidade de atingir seus objetivos e percebendo a quantidade de coisas que precisam fazer para isso, saem em disparada fazendo o que encontram pela frente, sem critério, sem estratégia ou com critérios e estratégias equivocados. Se não fizer o que precisa ser feito com critério, com uma estratégia inteligente, você chegará ao fim do dia exausto, cheio de tarefas cumpridas, mas sem que nenhuma meta tenha sido alcançada de fato. Faça primeiro o que é mais importante, priorize, e depois verá que muitas das tarefas que não foram feitas nem eram tão necessárias assim.

Imagine que você tenha que fazer cinco entregas em uma grande cidade, em cinco diferentes zonas: norte, sul, leste, oeste e zona central, em um único dia, durante o horário comercial. Para estabelecer a ordem das entregas, você resolve seguir o critério de "chegada da ordem de entrega" na sua distribuidora. O primeiro pedido (para entrega na zona sul da cidade) chega às duas da manhã. O segundo pedido (zona norte) chega às três da manhã. O terceiro pedido (zona oeste), três e quarenta. O quarto (zona central), cinco da manhã. E o quinto (zona leste), cinco e meia da manhã.

Seguindo esse critério, o seu itinerário será feito nesta ordem: 1) zona sul; 2) zona norte; 3) zona oeste; 4) zona central; e 5) zona leste. Digamos que você esteja em uma cidade como São Paulo, o espaço urbano mais congestionado do país. Você sai da sua base, que fica em Guarulhos (próximo à zona norte), atravessa a cidade inteira em direção à zona sul, o seu primeiro ponto de entrega. Depois você volta, atravessa a cidade de novo, agora em direção à zona norte (porque esse é o segundo ponto do seu itinerário); e depois você... bem, a essa altura você não tem *mais dia* para entregar nada. Com o trânsito carregado, as distâncias a serem percorridas e o horário comercial estourado, será praticamente impossível terminar as entregas. Sem falar dos custos e desperdício de tempo, em razão de um itinerário (estratégia) que foi estabelecido de acordo com um critério pouco ou nada producente. Você terá que deixar o restante para o dia seguinte. Mas estará cansado, exausto por ter trabalhado tanto (por ter atravessado a cidade de ponta a ponta), sem, no entanto, ter atingido a meta principal do dia, que era fazer aquelas cinco entregas.

Às vezes fazemos isso com a nossa vida e com os nossos sonhos. Nesse exemplo, o nosso motorista deveria ter avaliado se, de fato, teria condições de fazer todas aquelas entregas em um mesmo dia, considerando que estava na cidade de São Paulo, um espaço geográfico gigantesco e bem complicado de ser percorrido. Talvez fosse melhor dividir as entregas em duas etapas, se isso fosse possível em termos de tempo e recursos. Pelo menos esse motorista não se frustraria com o fato de não ter conseguido cumprir sua meta e nem frustraria seus clientes, que certamente contavam com a entrega naquele dia. Ele também deveria ter usado um critério mais racional na montagem do itinerário (em vez de definir a ordem de chegada dos pedidos), tentando privilegiar os pontos mais próximos, de modo que pudesse fazer as entregas em um percurso mais linear, indo, por exemplo, de norte a oeste, e de oeste a sul, e de sul a leste e, por fim, de leste até o centro, deixando ainda uma margem para ajustes na rota, por conta de imprevistos no meio do caminho. É preciso também ter algum cuidado para não esculpir suas metas em pedra. Elas precisam ser flexíveis, para o caso de mudança de contexto ou ajustes na rota, como a situação do nosso motorista.

Como eu disse, as metas ajudam você a manter o foco e a orientação dos seus projetos ou da sua visão. Fragmentar um grande objetivo nos passos necessários para alcançá-lo ajuda a engajar o pensamento estratégico que você precisa para planejar e alcançar resultados extraordinários. Quando fragmentar a sua visão, você deve estabelecer metas para o curto, o médio e o longo prazos, o que irá ajudá-lo a ser mais eficiente e eficaz naquilo que faz, facilitando inclusive os processos de tomada de decisão, justamente porque essas decisões serão orientadas pelas metas. Os vencedores são determinados a estabelecer suas metas e depois a lutar por elas. Para tanto, definem uma estratégia para alcançá-las e se esforçam fazendo tudo o que estiver a seu alcance para realizá-las. Mas esse terá de ser um esforço inteligente. Com as metas estabelecidas e uma visão clara, você põe sua vida em suas mãos, dando a ela o sentido que quiser. Se a visão não é clara, você irá abandonar a meta.

O meu exemplo pessoal é bem ilustrativo desse ponto. A minha vida profissional se define em antes e depois de eu ter feito especialização e mestrado. No momento que decidi ser um profissional diferenciado e destacado, estabeleci metas bem definidas para alcançar esse objetivo. Tive clareza do que queria e visualizei aonde queria chegar, independentemente da situação que estava vivendo, que não era favorável à realização desse meu propósito. Eu estabeleci as metas necessárias para o alcance daquele objetivo, e tive atitudes positivas para chegar lá. Quando isso se realizou, nunca mais parei. Na verdade, ampliei esse sonho. Mantive participações constantes em cursos e congressos, a fim de me manter sempre atualizado e ampliar os meus conhecimentos. A cada conquista, eu agradecia muito. Esse é um sentimento dos mais importantes. Todas as manhãs agradeço, primeiramente, por estar vivo, pela minha família, minha saúde, meu trabalho, por estar animado a conquistar mais coisas e a realizar-me ainda mais em minha jornada.

Talvez você possa chamar isso de sorte. Mas agora sabemos que, por trás disso, há um propósito, que lhe permite ser livre em sua atitude.

Capítulo 10

Comece agora e não se arrependa amanhã

Não importa o que você esteja fazendo ou vivendo nem sua condição financeira ou problemas familiares. Nada disso deve impedir você de tomar a decisão que irá mudar sua vida.

É muito comum encontrarmos pessoas que têm ideia do que querem e do que devem fazer em suas vidas, mas que, por uma série de razões, acabam procrastinando infinitamente, até o ponto de abandonarem seus projetos, deixando de tomar a decisão que precisava ser tomada. O que costuma acontecer nesses casos? O tempo passa, as coisas ficam esquecidas e cada vez mais difíceis. Em um dia qualquer do futuro, essa pessoa olha para trás e diz, com um ar de arrependimento: "Puxa, eu devia ter feito aquilo no passado; se tivesse feito naquela época, quantas conquistas eu já teria hoje?".

Com frequência sou procurado, no final de minhas palestras, por pessoas que me dizem que deveriam tê-la assistido dez ou vinte anos atrás. Se tivessem tomado algumas decisões no passado, não ficariam estagnadas por anos e anos em suas carreiras, em algum relacionamento ou na indecisão de um projeto ou sonho que nunca se realizou. Se isso tivesse acontecido, elas me dizem, sua vida teria sido muito diferente. Quando ouço isso, fica claro que essas pessoas viveram uma vida sem um propósito definido. Foram resolvendo problemas, deixando de lado o que era essencial e vivendo de acordo com as circunstâncias, atendendo necessidades e solicitações imediatas. Não quero, porém, julgar ninguém, afinal, muitas dessas pessoas não tinham informações suficientes ou uma percepção clara sobre como estava sua vida e o que estavam realmente buscando. De qualquer modo, por mais que você seja bem-sucedido em atender a essas demandas do dia a dia, nunca ficará verdadeiramente satisfeito.

A importância de se viver com um propósito claro é que ele permite a você curtir mais sua caminhada, de modo que possa acordar todos os dias e ter um forte motivo para viver. Muitos reconhecem que não fizeram o que deveriam ter feito no passado por medo ou insegurança, por acreditarem que não era importante naquele momento, que talvez poderiam fazê-lo no futuro ou acharem que precisariam adquirir mais conhecimentos para tomarem decisões. Muitos sabiam que deveriam fazer aquilo (um curso; um estágio; perdoar ou pedir perdão a alguém; reequilibrar uma relação; fechar, abrir ou expandir sua empresa; terminar um relacionamento ou um tratamento de saúde; fechar um ciclo etc.), mas pensaram que poderiam esperar, pois priorizaram outras coisas naquele momento. O problema é que o tempo é implacável: ele passa, e nem sempre nos damos conta da sua passagem. Para entendermos a importância disso, devemos substituir a palavra *tempo* por *vida*. Quando procrastinamos alguma coisa, não estamos apenas perdendo tempo, estamos perdendo vida. E ela é curta demais, por isso devemos aproveitá-la bem.

O recado aqui é bem simples e essencial: não perca mais tempo!

Tenho um velho amigo que sempre me lembra de como é importante fazer as coisas tão logo nos damos conta dessa necessidade. João tinha um sonho que custou muito a realizar. Ele trabalhou a vida inteira em uma atividade de que não gostava. Fazia isso obviamente por necessidade, por pensar que não poderia abrir mão daquele emprego em razão dos compromissos financeiros que tinha. Seu sonho, como acredita a maioria das pessoas, era apenas um sonho que podia esperar. Tudo o que queria era abrir sua própria empresa, uma fábrica de brinquedos para crianças. Esse era o seu sonho. Mas ele não tinha coragem, faltava-lhe ânimo e ousadia, e tinha medo de perder o emprego e, assim, pôr em risco a estabilidade da família. Quando se aposentou, não havia mais razões para alimentar esse pavor, e então ele começou a construir seu sonho. A grande surpresa é que essa sua visão se revelou uma excelente oportunidade de negócio. Ele de fato passou a ganhar mais do que ganhava quando trabalhava como empregado em uma empresa que não era a dele. Teve maiores recompensas financeiras e emocionais, mais orgulho e muito mais autoestima, afinal, ele estava se saindo muito bem naquela empreitada. Hoje ele faz brinquedos de madeira para crianças. Do seu hobby ele fez sua empresa, trinta anos depois.

Certamente, deve ter passado pela cabeça do João que, se ele tivesse acreditado mais no seu sonho, poderia ter ganhado mais tempo e ter tido inclusive uma vida melhor, tanto do ponto de vista financeiro quanto do de realização pessoal, e também em relação ao aproveitamento do tempo. Sim, isso é verdade. Quanto mais cedo você colocar em prática seu sonho ou projeto, melhor. Mas, veja, não estamos falando de competição. A grande lição que meu amigo João nos deixa aqui é que nunca é tarde para começar. Se você parar para pensar no que deixou de fazer no seu passado... bem, às vezes é melhor nem pensar, não é? O ponto não é esse. O importante é que, a partir do momento em que você se dá conta de que está na estrada errada, é hora de parar e procurar seu verdadeiro itinerário. Não importam sua idade, sua condição ou situação atual. O importante é dar-se conta de que agora é a hora de começar a construir a estrada que o levará a realizar seu sonho.

O escritor Napoleon Hill comparou a nossa vida a um tabuleiro de xadrez, onde o tempo é nosso maior adversário. Um adversário, aliás, que age com certo requinte de crueldade, pois o tempo é um jogador que não tolera indecisão.

Portanto, tome hoje a decisão de mudar sua vida. Tome hoje, agora mesmo, assim que terminar este livro, a decisão de colocar o método VERSO em ação. Seja o autor da sua história – uma história de sucesso, de conquistas e de muitas realizações.

Você tem o direito e merece ser muito feliz.

O escritor H. Jackson Brown Jr. escreveu: "Daqui a vinte anos você vai ficar mais desapontado com as coisas que *não fez* do que com as que fez".[20] Ele está coberto de razão. Geralmente nos amarguramos muito mais quando pensamos que poderíamos ter tido uma vida mais próspera e cheia de significados se tivéssemos dado ouvidos ao que nos dizia o coração. Sim, ao coração, pois há uma passagem bíblica que diz: "Guarda teu coração acima de todas as outras coisas, porque dele brotam todas as fontes da vida." É importante lembrar que coração, aqui, tem conotação de sentimento e ânimo.

Se você chegou aqui, teve persistência para ler este livro até o final, parafraseando H. Jackson Brown Jr., então este é o momento de "soltar as amarras, de ir para longe da margem e buscar seu caminho. Pegue os ventos alísios com suas velas. Explore, sonhe, descubra".[21]

O importante é começar agora. Faça um inventário do que funciona e do que deve ser descartado, pense em suas crenças, desapegue-se, escreva suas metas e sonhos e aplique em sua vida tudo o que conversamos aqui. Assuma isso não como uma promessa, mas como um compromisso. Quer prosperar, atingir um novo patamar na carreira, construir sua casa, fazer aquela tão sonhada viagem, pedir perdão ou perdoar alguém, melhorar ou mudar seu relacionamento? Você pode fazer tudo o que quiser. Mas é preciso construir esse querer. E a hora é agora!

---

20. BROWN JR., H. J. **P.S. eu te amo:** quando mamãe escrevia, ela sempre guardava o melhor para o fim. Rio de Janeiro: Ediouro, 2005.

21. *Ibidem.*

Não adie mais sua liberdade!

Não há necessidade de adiar sua liberdade quando você se move pela ação que o leva às suas conquistas. No momento que você se der conta de que deveria ter feito, faça! Faça algo a respeito. Se as condições mudaram, adapte seu sonho, ajuste a rota e não desista. Se quiser voltar a estudar, nada irá impedi-lo, sobretudo nos dias de hoje, com todos os recursos disponíveis. Se entender que seu relacionamento não está bem, aja para melhorar essa relação. Não desista, não abandone nunca o sonho de ser feliz. Se quiser realmente alguma coisa, a liberdade para fazer sempre estará à sua disposição. Mas faça agora!

No momento que entendi o que significa liberdade, comecei a buscá-la em tudo o que fazia. Eu trabalhava muito nas minhas clínicas. Era escravo do relógio. Ganhava bastante dinheiro, mas perdia várias comemorações sociais, festas de aniversários, jantares com amigos, pois saía tarde do consultório. O que eu perdia na verdade era a proximidade das pessoas que amava. E isso não há dinheiro que compense. Com o tempo, investi no amadurecimento das minhas emoções, participando de cursos de inteligência emocional, tanto no Brasil como no exterior. Adotei atitudes vencedoras e positivas, e hoje tenho mais liberdade, tenho uma renda que me permite trabalhar menos, com mais qualidade e dedicação, devido ao conhecimento que adquiri, e a ter mais tempo para outras atividades e para ficar com as pessoas que mais amo, minha família. Faz alguns anos, me programei para tirar um dia de folga durante a semana, fazer coisas não rotineiras, normalmente às sextas-feiras. Foi uma decisão pensada e construída. Você primeiro decide e depois constrói na realidade a sua decisão. Se eu pude fazer isso, vindo de uma realidade financeira tão desfavorável, uma infância pobre, imagine você!

Tudo está em suas mãos!

Voe!

Você tem todas as condições de viver a vida que deseja. Tudo o que quiser está dentro de você. É hora de voar.

Quando você tem consciência do que é, de onde veio e do que quer fazer, chega a um ponto na vida que não dá mais para voltar – a não ser que você se renda à tristeza e à frustração, o que, tenho certeza, não é o que está desejando. O seu olhar agora é para a frente. Você está exatamente na posição de um piloto de asa-delta. Você subiu a montanha, sentiu cada trecho da caminhada, pôde identificar cada pedra do trajeto e agora está aqui, no topo da montanha. O que vai fazer? Voltar é arruinar todos os seus sonhos. Sua única opção é voar. Voar livremente e realizar seu desejo, desfrutando ao máximo dessa nova pessoa que acaba de nascer em você mesmo.

Quando você se conhece, sabe de suas limitações, mas também das suas potencialidades e capacidades, tenho certeza de que tudo o que você quer é estar na arena, no campo de batalha, lutando pelos seus sonhos, atingindo suas metas, com disciplina, naquele estado de ânimo capaz de contagiar um exército inteiro. Agora é ousar e ter coragem para fazer as conquistas. O melhor da sua vida pode começar a acontecer agora.

Lembre-se: o que irá mover e motivar você são seus objetivos. Por isso é fundamental estruturar e ter clareza de sua visão de futuro. Certa vez, em uma festa de aniversário, uma senhora me dizia que, quando estão em viagem, ela e o marido, aposentados e com idade avançada, já começam a pensar na próxima viagem, e isso vai criando motivos e novos objetivos para eles se prepararem para fazer algo novo.

Um grande amigo meu me contou que seu pai, já com 80 anos de idade, professor catedrático com quem eu mesmo tive aulas, faz planejamento de vida a cada dez anos. Quando ele fez 60 anos, planejou o que faria até chegar aos 70. Depois até os 80 e agora, já com 80 anos, está planejando o que vai fazer até os 90. Seu filho me contou como é impressionante a vitalidade e o desejo que seu pai tem. Ele ainda ministra palestras, participa de seminários e congressos, escreve artigos, tem uma vida cheia de objetivos e de sentido. Quando viajam, "logo pela manhã o pai é o primeiro a acordar, a falar do planejamento do dia, dos lugares para visitar; ele é motivação pura", complementa o filho. Isso acontece porque ele tem objetivos, tem desejos ativos, isto é, quer fazer as coisas acontecerem. Pessoas que têm objetivos, independentemente da idade, parecem ter uma sobrevida ou pelo menos têm razões mais que suficientes para continuarem a viver e a ser felizes.

O passado depende da memória. O futuro, por outro lado, depende da imaginação.

Pensar grande, ter ânimo e ousar mudar é essencial para ter resultados extraordinários. Afinal, viver uma vida tão grandiosa quanto possível requer não apenas pensar grande, mas também tomar as atitudes necessárias para chegar lá. Esse é o seu grande desafio.

Às vezes, pensamos que temos que fazer coisas grandiosas, mudanças enormes. Mas não. Devemos agir de maneira simples, com pequenas transformações, mas com constância, regularidade, foco e disciplina. E ir progredindo aos poucos. No início será mais difícil, mas depois o hábito tornará tudo mais fácil. Dessa maneira vamos alcançar resultados extraordinários, que é o que eu, você e todos que têm ambição na vida desejamos.

Pense pequeno e sua vida, muito provavelmente, vai permanecer pequena.

Pense grande e sua vida terá a possibilidade de se expandir.

Se você tem um propósito, uma missão, um sonho a realizar, não há razão para ficar na cama pela manhã, esperando um milagre acontecer. Seja você o milagre que deseja para sua vida. Tenha um propósito forte, que o faça despertar todos os dias com alegria e entusiasmo. Recordo-me que, ao final de um evento, um pastor veio ao meu encontro para comentar uma fala minha sobre propósito. Disse-me ele, em tom de pergunta: "Mauricio, você já viu alguma noiva ficar doente antes do casamento?". Nunca tinha pensado naquilo, mas lhe respondi: "Já vi noiva desistir do casamento, abandonar o altar, mas ficar doente antes da cerimônia confesso que nunca vi nem ouvi falar". Ao que ele me respondeu: "Com toda minha experiência como pastor, ao longo de quarenta anos, nunca presenciei nenhuma noiva que ficasse doente às vésperas do casamento, isso porque ela tem um objetivo muito forte, um sonho muito grande".

É interessante essa analogia, pois, quando nos propomos a fazer alguma coisa que desejamos muito, quando nos preparamos intensamente, não há nada que nos impeça de realizar nossos sonhos, pois nossa determinação é tão grande quanto a nossa garra e o nosso foco.

É dessa forma que sonhos se tornam realidade.

Capítulo 11

Celebre a vida dos seus sonhos

Dê ânimo aos seus sonhos e viva com toda
a intensidade sua vida. Este é o momento!

Agora que você já tem um caminho a seguir e meios para fazer a transformação que deseja em sua vida, deve celebrar essa nova pessoa em que você se transformou ou irá se transformar. Com o filme da sua vida na mente, a hora é de atuar, pôr em prática as cenas imaginadas, caprichar nas interpretações, pintando seu filme com palavras, metas e planos, seja para abrir um novo negócio, revitalizar seu relacionamento, ser um novo pai ou uma nova mãe, enfim, você tem o poder de decidir o que quer fazer de sua vida. Portanto, faça e celebre!

A partir deste momento, viva sem medo, viva com propósito, dê tudo de si e não desista jamais, porque somente conhece a vitória quem é persistente e age, apesar de todas as dificuldades. Seja um realizador e não apenas um sonhador, porque sem realizações você nunca vai vivenciar seu verdadeiro potencial. Tenha um propósito definido, porque sem ele talvez você não conheça a felicidade dura-doura. Viva uma vida que valha a pena ser vivida e que lá no final, quando você olhar para trás, poderá dizer: "Sou feliz por ter feito" em vez de "gostaria de ter feito".

Nós podemos mensurar uma vida que vale a pena viver de várias maneiras, mas a que mais se sobressai é aquela que é vivida sem arre-pendimentos. Sonhos que não se realizaram e esperanças perdidas são os lamentos mais frequentes feitos por quem está prestes a morrer. Nem tudo o que fizermos dará certo, mas os erros, as dificuldades e os fracassos fazem parte do processo para atingir o sucesso. Muitas vezes é preciso errar para acertar, pois tudo, de certa forma, pode ser consertado ou corrigido. Só não tem conserto aquilo que não se faz. Só não dá certo aquilo que não se inicia.

Se você seguir as sugestões e recomendações aqui descritas, se inspirar e tomar a decisão com ânimo de realização, desapegando-se de todo o seu passado e deixando para trás tudo o que lhe impedia de seguir adiante, sem dúvida você será uma nova pessoa, pronta para realizar seu sonho. Portanto, aja, desfrute e festeje!

Hoje é o primeiro dia da vida que você merece

Quando passei no vestibular para odontologia, na Universidade Federal de Santa Maria, com 18 anos, tive de deixar minha cidade, onde morava com meus pais, e procurar um apartamento que pudesse dividir com outros amigos, tendo em vista que meus pais não dispunham de condições financeiras para que eu morasse sozinho naquela época. Minha ideia inicial era ficar na casa dos estudantes, um edifício do tipo república, construído pelo governo para abrigar alunos de baixa renda. Mas não era fácil arranjar uma vaga, já que a procura era grande.

Nessa busca, fui à procura de uns amigos meus que dividiam um apartamento no centro da cidade. Por engano, toquei a campainha errada e quem me atendeu, abrindo a porta, foi uma professora de meia-idade muito simpática. Comentei que estava procurando o apartamento de uns amigos que moravam naquele prédio, e ficamos conversando por algum tempo, ela do lado de dentro e eu do lado de fora, separados apenas pela soleira da porta. Quando mencionei que havia sido seminarista, algo mudou na nossa conversa, gerando um elo de confiança, e isso fez com que ela me convidasse para entrar.

Ofereceu-me um cafezinho, conversamos amistosa e animadamente, e descobrimos que tínhamos um amigo em comum, o padre Paulo. Ela simpatizou comigo e, dando-me um voto de confiança, disse que moravam apenas ela e um sobrinho, e que havia um quarto disponível no apartamento. Caso eu me interessasse, poderia ficar ali temporariamente, até conseguir um local definitivo, e isso por um valor quase que simbólico, de modo que meus pais teriam condições de pagar.

E assim foi feito. Todo mês minha mãe enviava o dinheiro de minhas despesas pelo correio. Isso mesmo, pelo correio, esse era o costume na época, afinal, caixas eletrônicos e cartões de crédito não eram tão comuns assim. Então ela enrolava o dinheiro em uma folha de jornal ou papel de pão, para disfarçar, punha em um envelope e o despachava, no modo de carta registrada – uma espécie de Sedex daqueles tempos –, e o dinheiro normalmente chegava no prazo esperado, sem problema algum. Mas, em uma dessas vezes, aconteceu de atrasar a entrega e isso acabou me causando dificuldades por uns dias. Lembro que naquele fim de semana, no sábado à tardinha fui em uma padaria próxima, comprei um litro de leite e uns quatro pães franceses, os famosos "cacetinhos", como são chamados no Sul. Foi o que deu para comprar com os trocados que ainda tinha. No sábado à noite, meu jantar foi leite com pão e um ovo cozido. Já no domingo, ia almoçar o que sobrara da compra na padaria, ou seja, um pão francês, margarina e café preto. Adoro café, desde os tempos que estudava para o vestibular, quando invadia madrugadas adentro. Bem, estava eu preparando o meu lanche/almoço quando, de repente, entrou na cozinha a professora, dona do imóvel. Estava bem-vestida, toda arrumada; lembro que usava um vestido, estava maquiada e perfumada. Ia a um restaurante para comemorar o aniversário de um familiar.

"Mauricio, você não vai almoçar hoje?", perguntou-me a professora.

Viva sem medo, viva com propósito, dê tudo de si e não desista jamais, porque somente conhece a vitória quem é persistente e age, apesar de todas as dificuldades.

"Vou, claro. Estou preparando um lanche", disse.

Então expliquei a ela toda a situação do atraso do dinheiro e que durante aquele final de semana eu teria de me conformar com o que tinha. Foi então que, em um gesto surpreendente, ela foi até a geladeira, pegou um vidro de pepino em conserva, tomates, presunto e queijo e preparou-me um sanduíche; aliás, o melhor sanduíche da minha vida. O que aquele lanche tinha de especial? Solidariedade, compaixão, afeto, preocupação com o semelhante. Nunca vou esquecer aquela cena. Confesso que toda vez que lembro desse episódio, meus olhos ficam marejados, tamanha é a emoção que sinto. Ali entendi que na nossa vida acontecem milagres e muitas vezes não percebemos. Os milagres são feitos de pessoas para pessoas. E é uma pena que muitas vezes não nos damos conta desses milagres. Eles nos acontecem muitas vezes por meio de pessoas que conhecemos hoje e que daqui a alguns anos poderão cruzar novamente os nossos caminhos e modificá-los, nos ajudando assim a construir nossos sonhos.

Eu poderia ter ido à geladeira, que ficava em um canto da cozinha, e pegado aqueles ingredientes. Mas, como minha mãe havia me ensinado, e isso se tornou uma crença minha, pegar sem pedir seria furtar. Talvez a professora nem notasse a falta de alguma coisa, mas eu precisava agir de acordo com minhas crenças e valores, pois são eles que moldam nossas atitudes e comportamentos.

Mas o ponto que vale como reflexão aqui é que houve um momento em minha vida que eu não tinha dinheiro nem para comprar um sanduíche. E, a despeito disso, consegui superar todas essas dificuldades, consegui fazer uma faculdade, fazer uma especialização, concluir meu mestrado e ser reconhecido como um profissional em minha área de atuação. E hoje ministro palestras por todo o país, ajudando pessoas a acreditar em seus sonhos e realizá-los, e ainda consigo arranjar um tempo para escrever um livro como este que você tem em mãos. Isso tudo com muita lealdade aos meus princípios, sem truques, sem passar por cima de ninguém, respeitando os outros, apenas fazendo o que precisa ser feito, sempre na direção do meu sonho, com muito ânimo, determinação e disciplina.

Então, se eu posso, você também pode! Todos nós podemos realizar nossos sonhos!

Viva a verdade que está dentro do seu coração

Agora você é uma nova pessoa!

Conecte-se com a verdade que está dentro de você. Não há mais justificativas para viver uma vida baseada no que as pessoas dizem ser a sua verdade. Viva de acordo com suas emoções, com seus novos modos de pensar e com as atitudes inerentes à sua verdade. Como já mencionei anteriormente: "Se o que procuras não achares primeiro dentro de ti mesmo, não acharás em lugar algum". Tudo está dentro de você, e isso é o que mais conta em sua jornada. O filósofo alemão Arthur Schopenhauer, ao comentar se a felicidade pode ser medida pelos bens materiais ou se é apenas um estado de espírito, disse o seguinte: "A felicidade tem muito mais a ver com o que se passa em nossa mente do que com aquilo que temos em nossos bolsos".[22] E é verdade. Existem pessoas com poucos bens materiais que são muito felizes, ao passo que há outras muito mais abastadas que são completamente infelizes. A questão não é ser pobre ou rico, como já salientamos. Mas é importante repetir isso aqui, pois muitos pensam em bens materiais como sinônimo de felicidade, quando, de

---

22. SCHOPENHAUER, A. **Aforismos para a sabedoria de vida**. Tradução André Díspore Cancian.

fato, os bens materiais não chegam a ser tão decisivos a esse ponto. O que conta e faz a diferença é o que vai na sua mente, é seu estado de espírito, seu ânimo.

Mais importante que ser um milionário é viver a vida que você deseja viver, sendo a pessoa que você é e sente ser, e sem se preocupar com o que os outros vão dizer. Quando isso acontece, você está livre, se desapegou do passado, você agradece e começa o seu voo.

Se olharmos à nossa volta, veremos que os grandes empresários, profissionais de sucesso, não têm nada de diferente de nós. Entretanto, eles têm um estado de ânimo que lhes dá a coragem necessária para buscar outras perspectivas e realizar novos sonhos. Eu e você também não somos diferentes. À parte dos sonhos que buscamos e o modo particular como cada um de nós quer realizá-los, tudo é possível, não importa a condição, o momento, as dificuldades. A única coisa que importa é a vontade e a determinação, aqui colocadas como síntese de ânimo, de autoconhecimento, de disciplina e de decisão. São as únicas coisas que você precisa ter para vencer e realizar-se em uma vida extraordinária. Forme uma autoimagem positiva de você. Esforce-se para conquistar o que deseja, mas não para impressionar os outros. Vista-se da melhor maneira possível, para se sentir bem, e não para os outros verem. Coloque um sorriso no rosto e viva a verdade que está dentro do seu coração.

Seja grato e feliz!

O mais importante agora é largar este livro e começar a sua jornada! Ah, e comemore tudo o que conquistar.

Grande abraço e boa sorte!

Este livro foi impresso pela Edições Loyola
em papel Pólen Bold 70g/m² em junho de 2023.